THIS BOOK BELONGS TO:

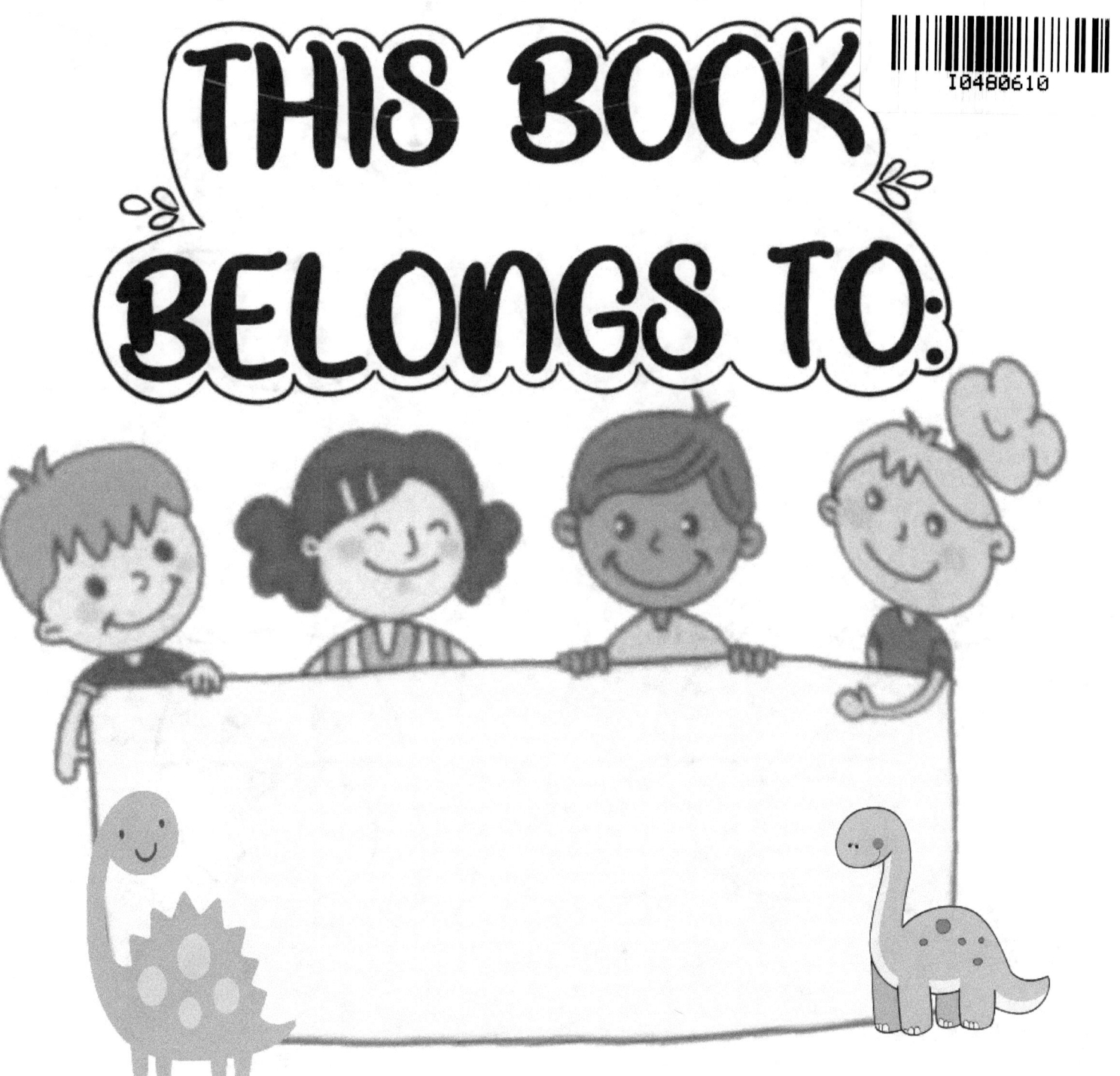

1

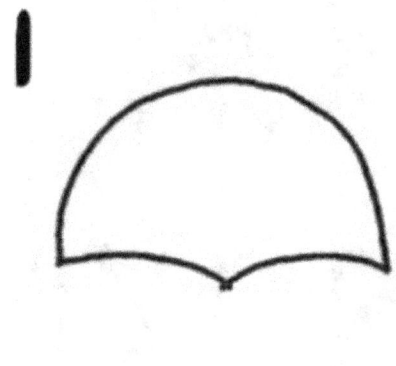

2

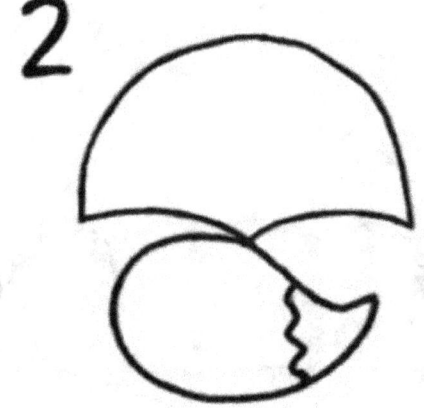

3

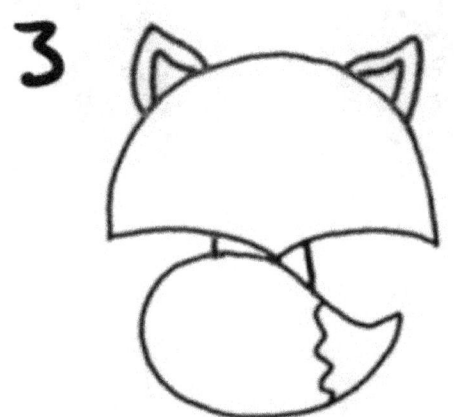

4

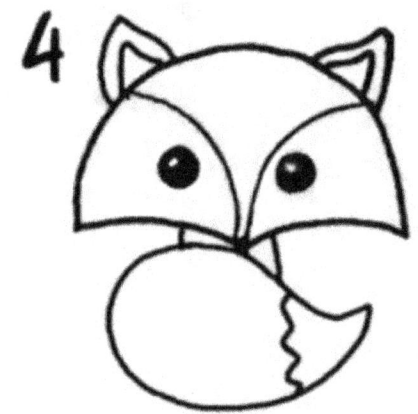

5

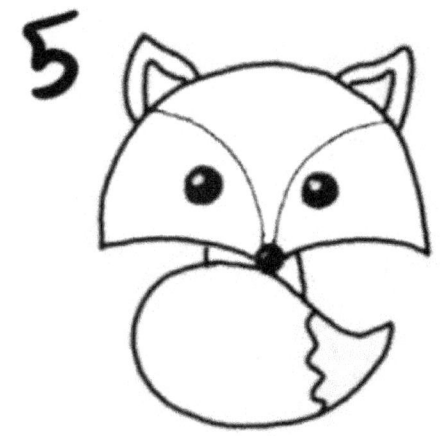

6

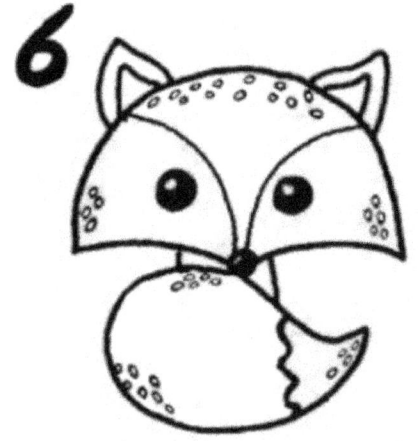

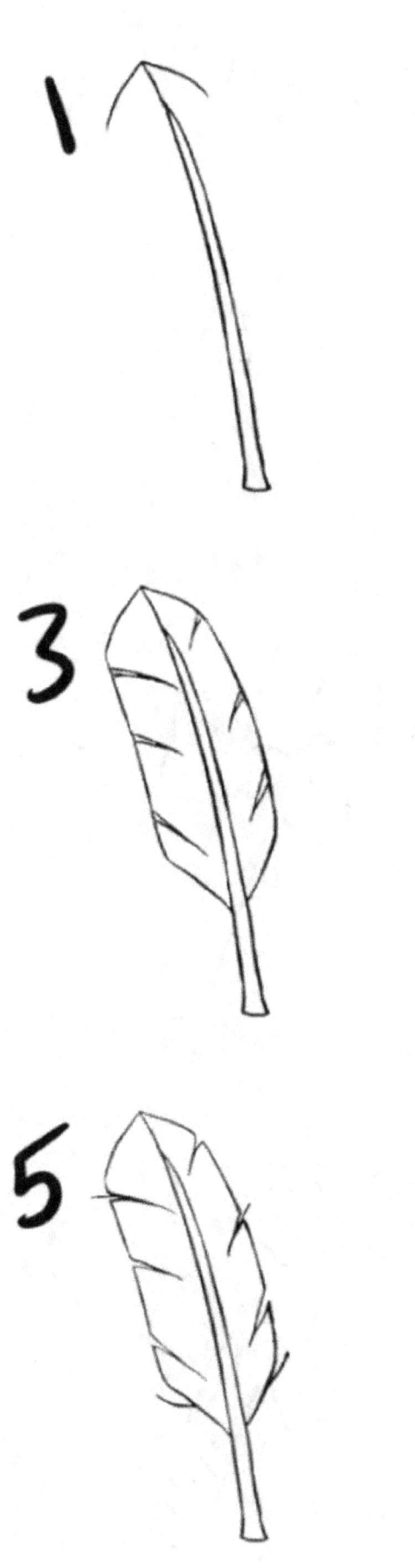
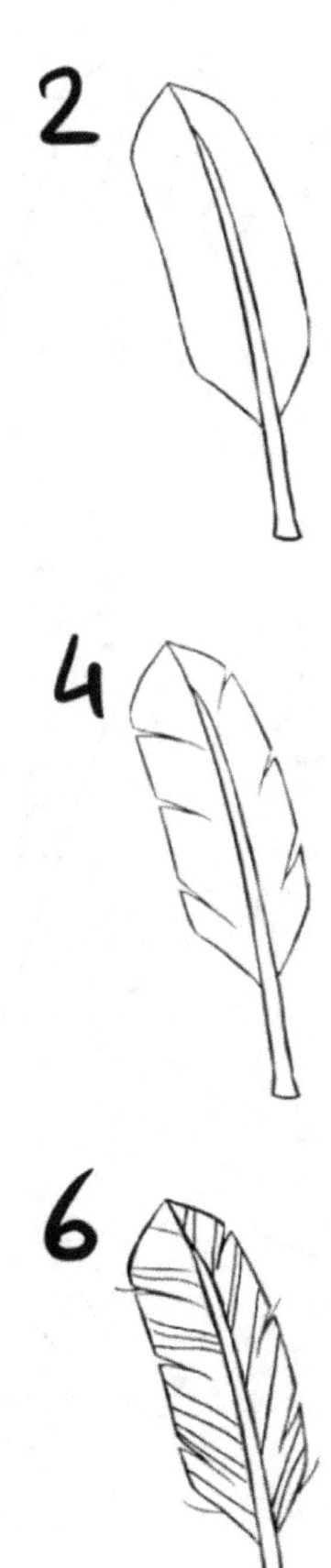

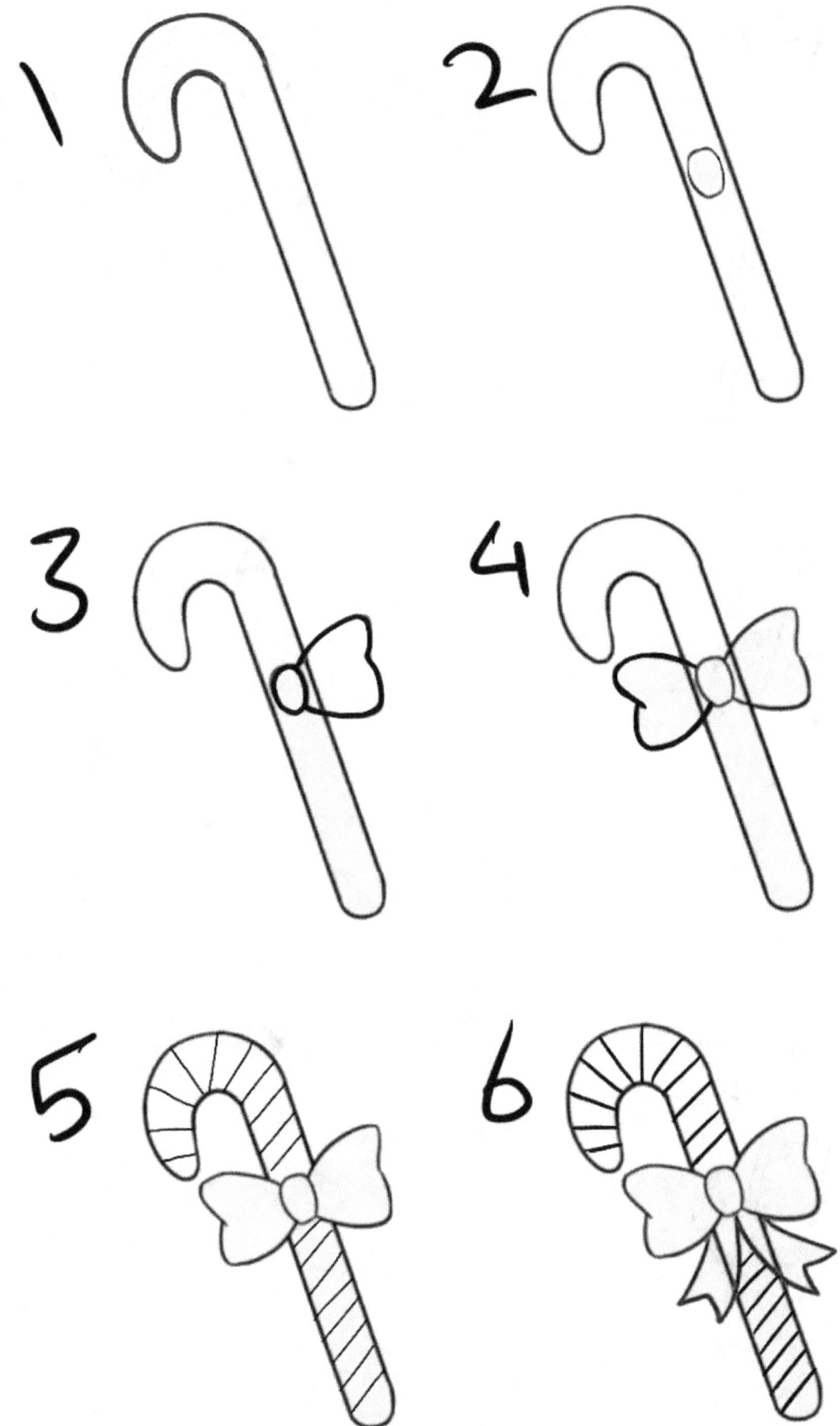

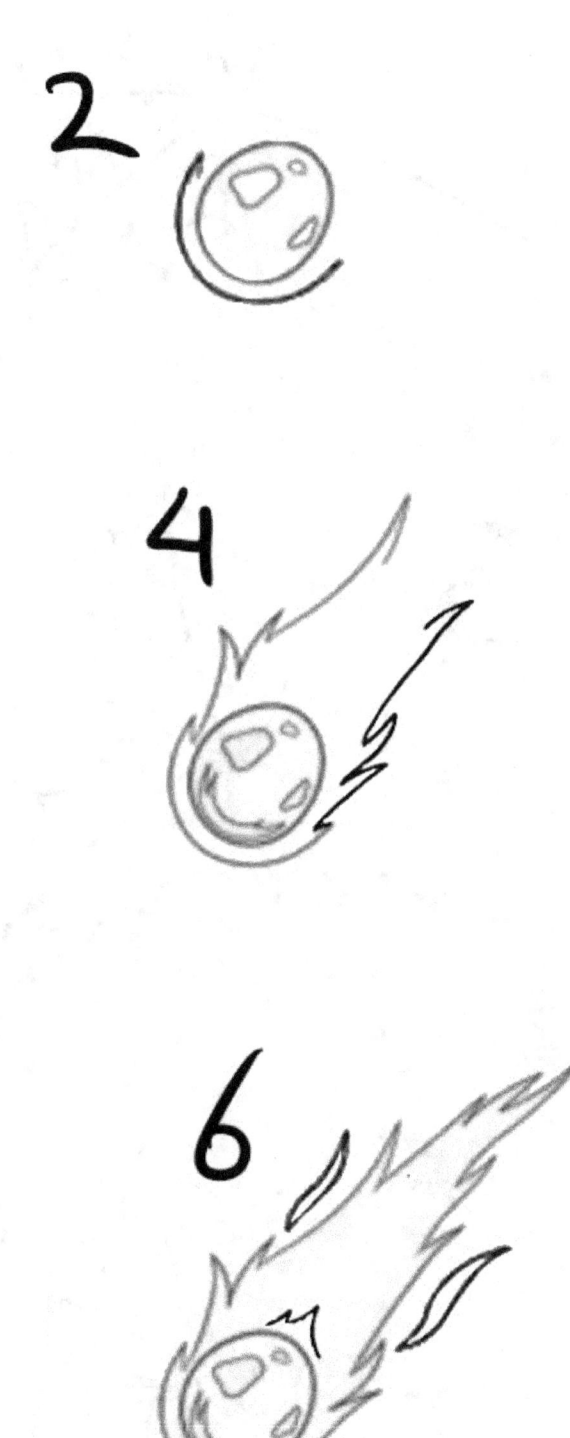

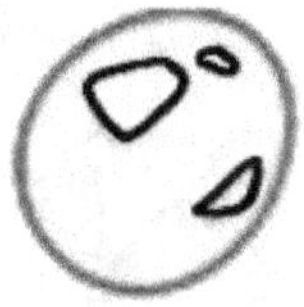

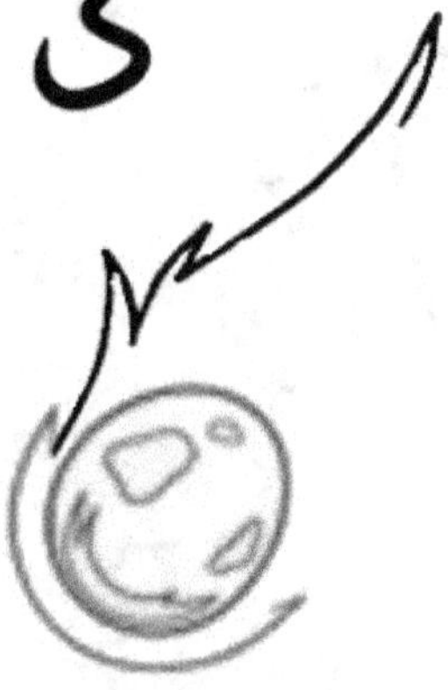

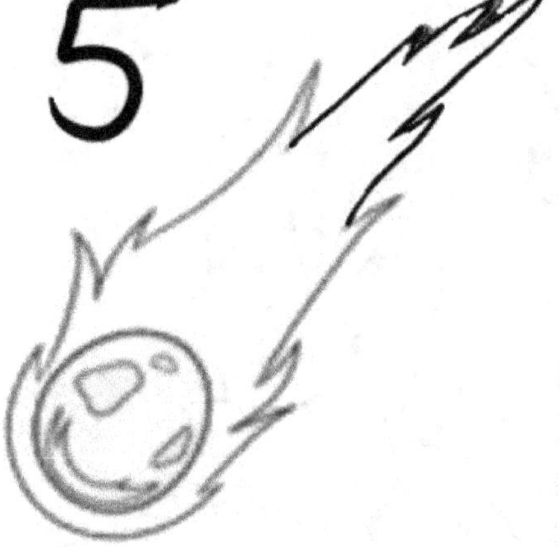

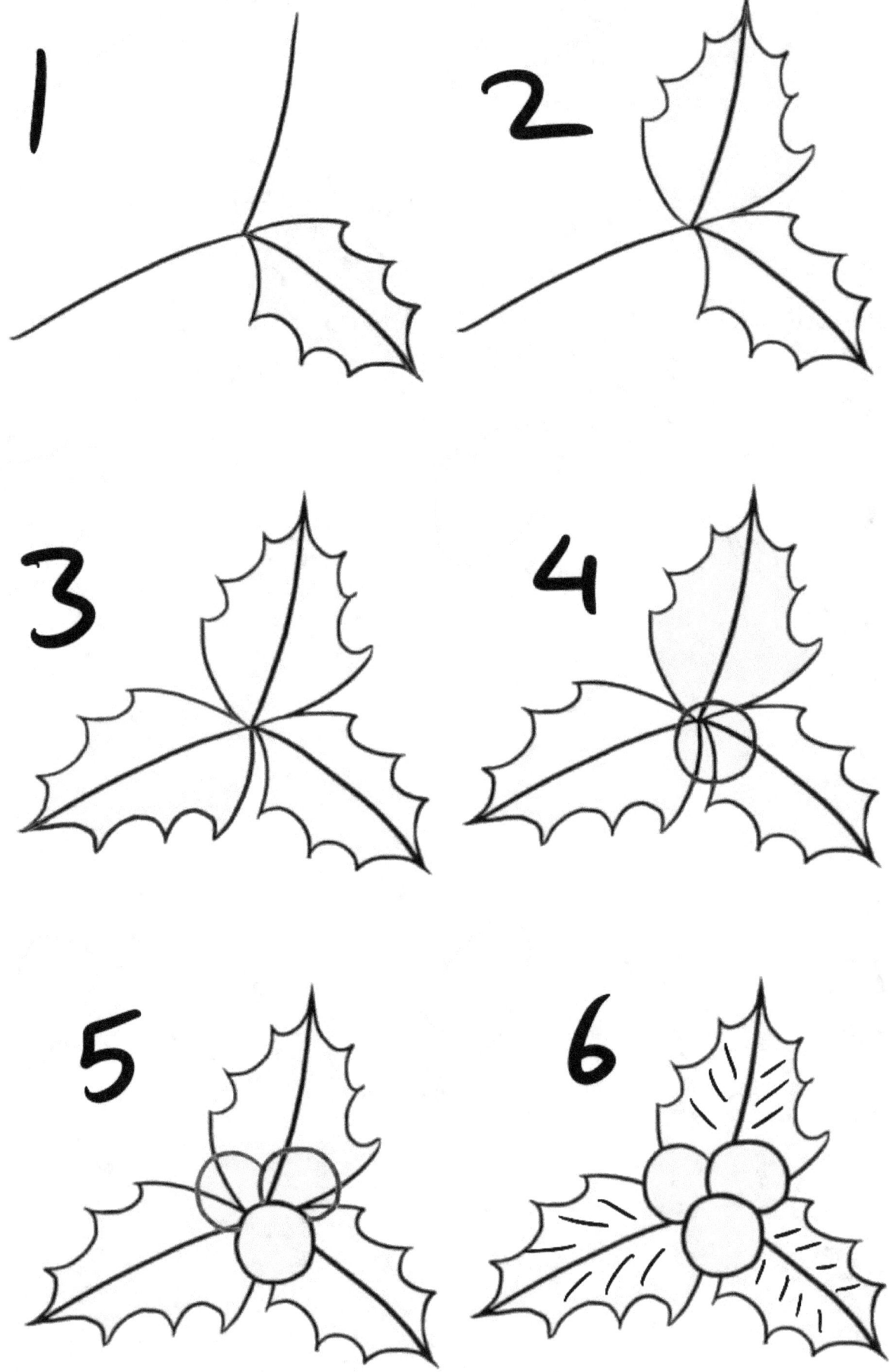

1

2

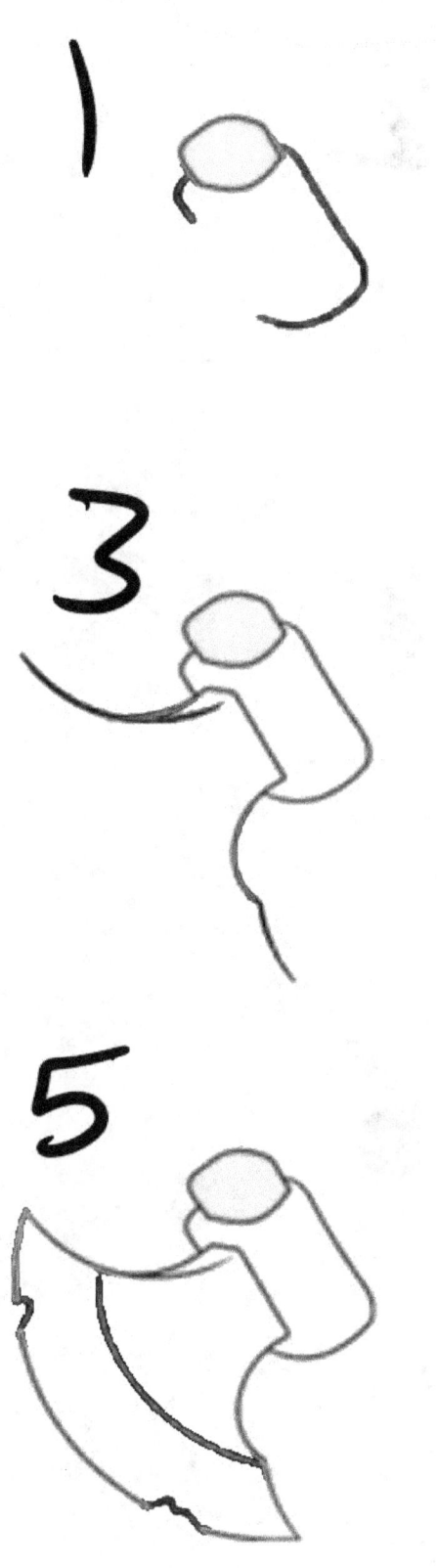

3

4

5

6

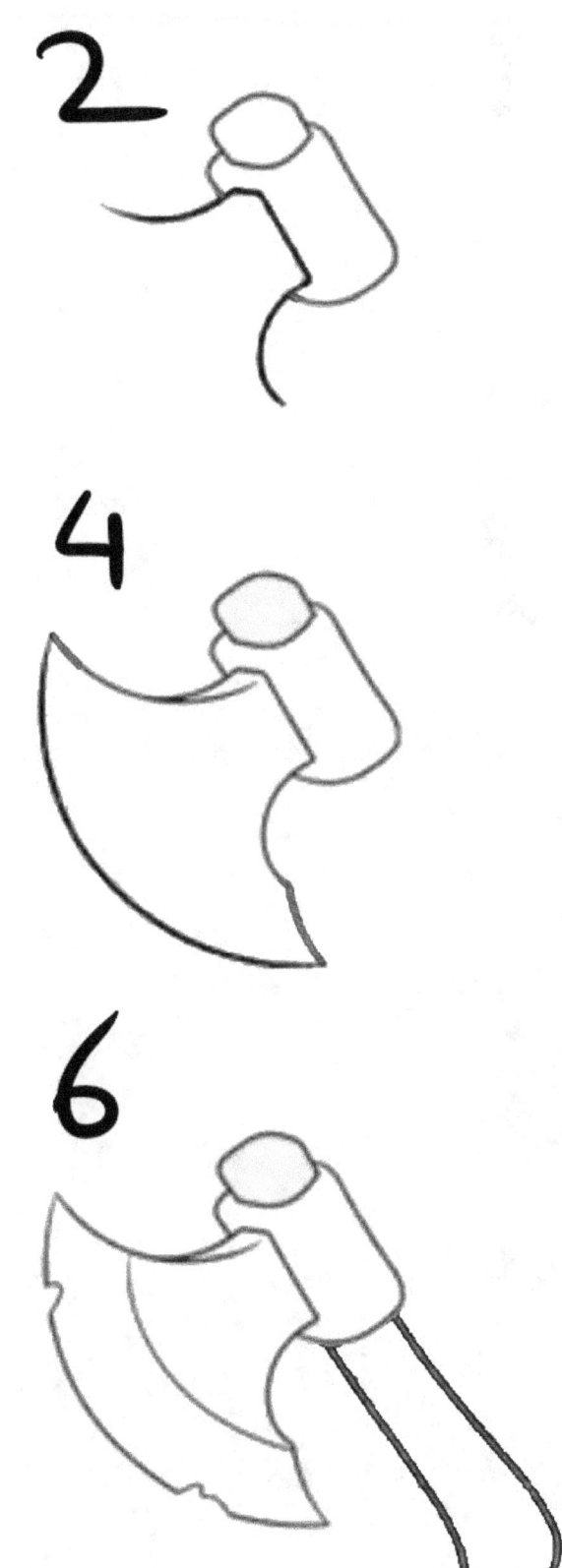

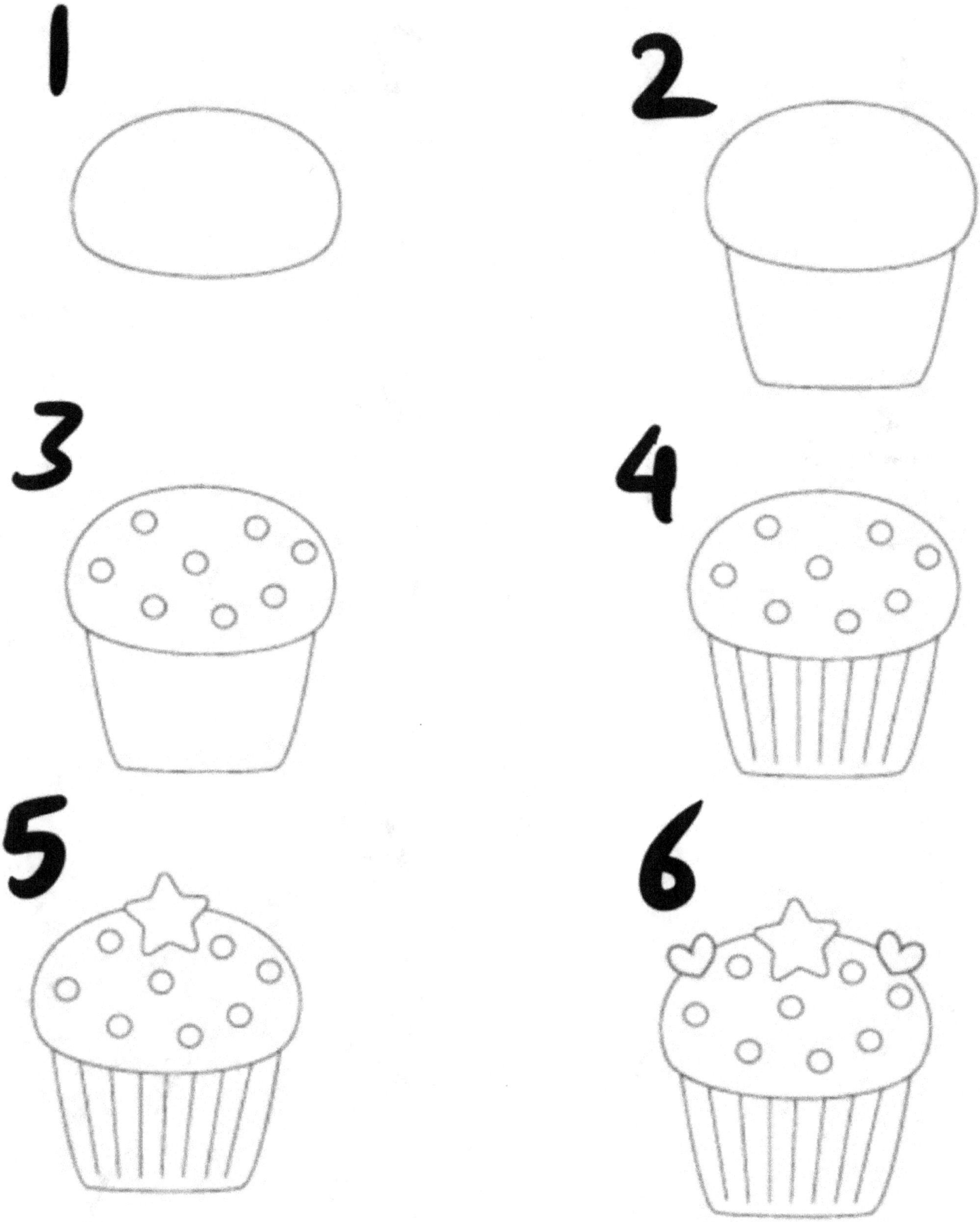

1

2

3

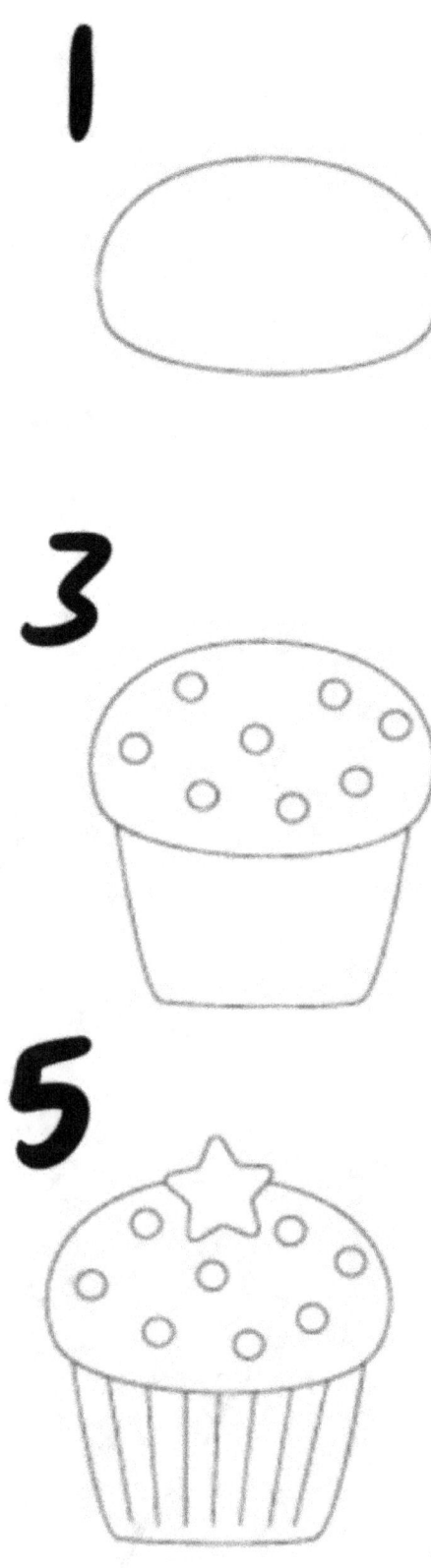

4

5

6

1

2

3

4

5

6

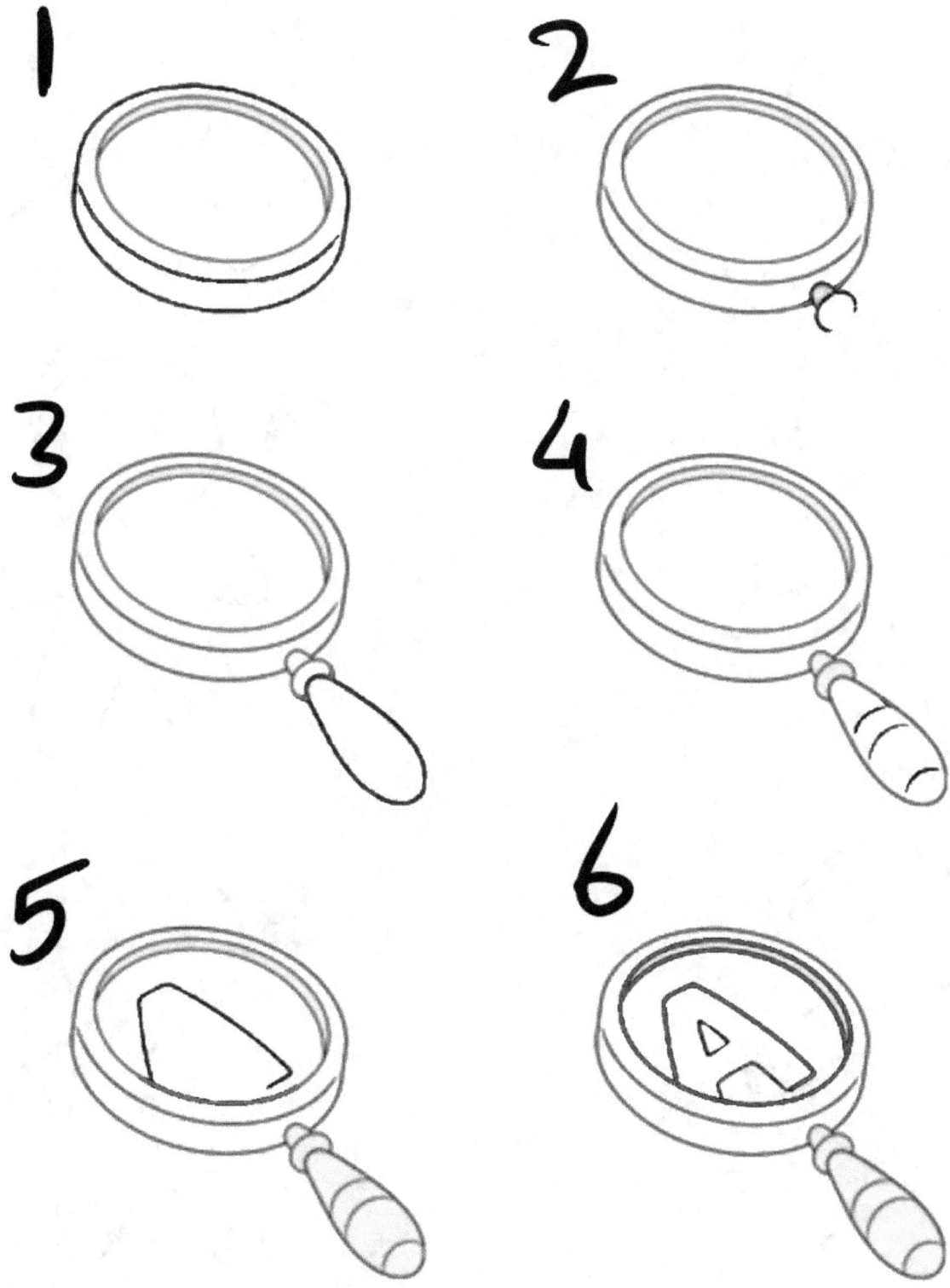

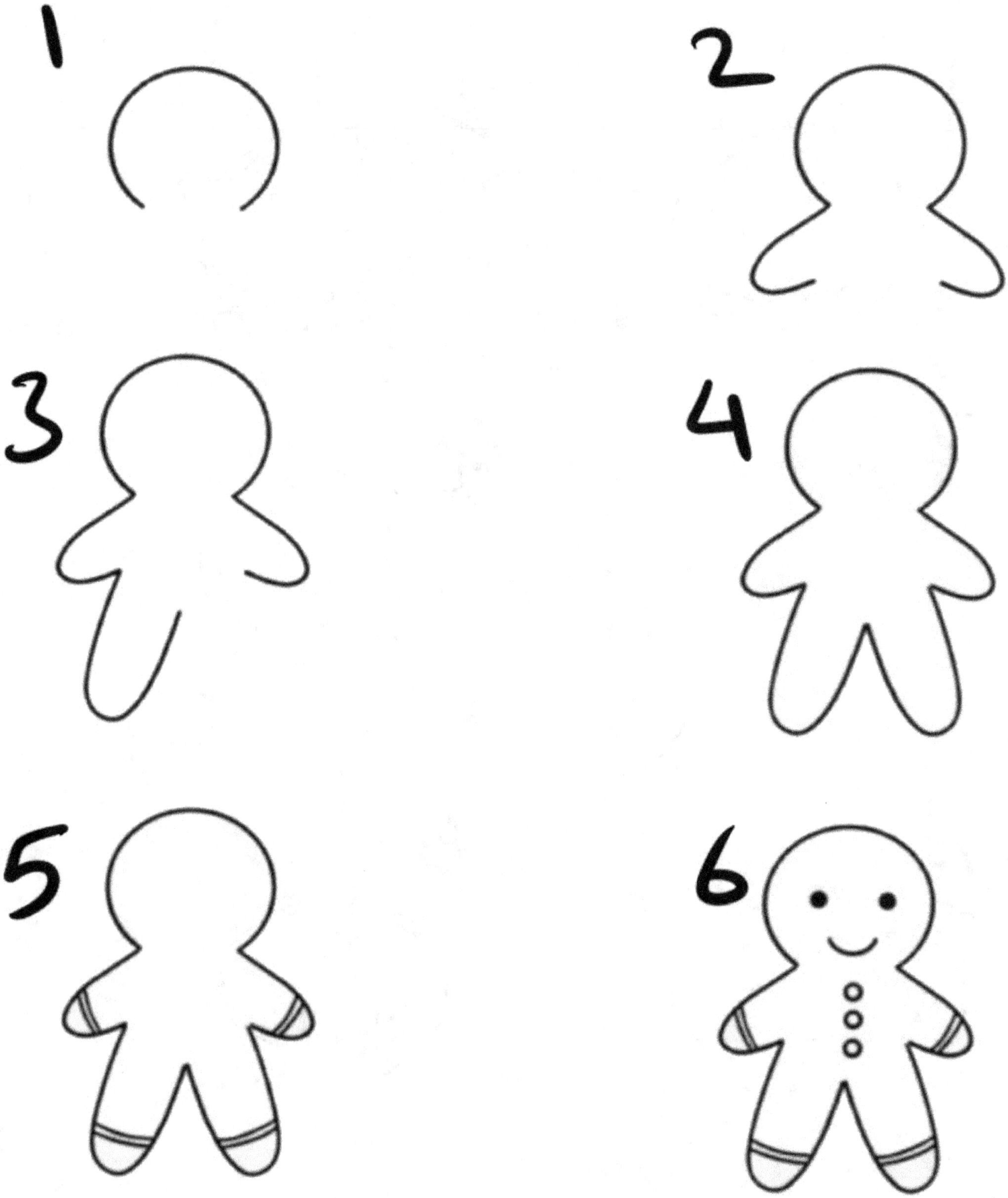

1

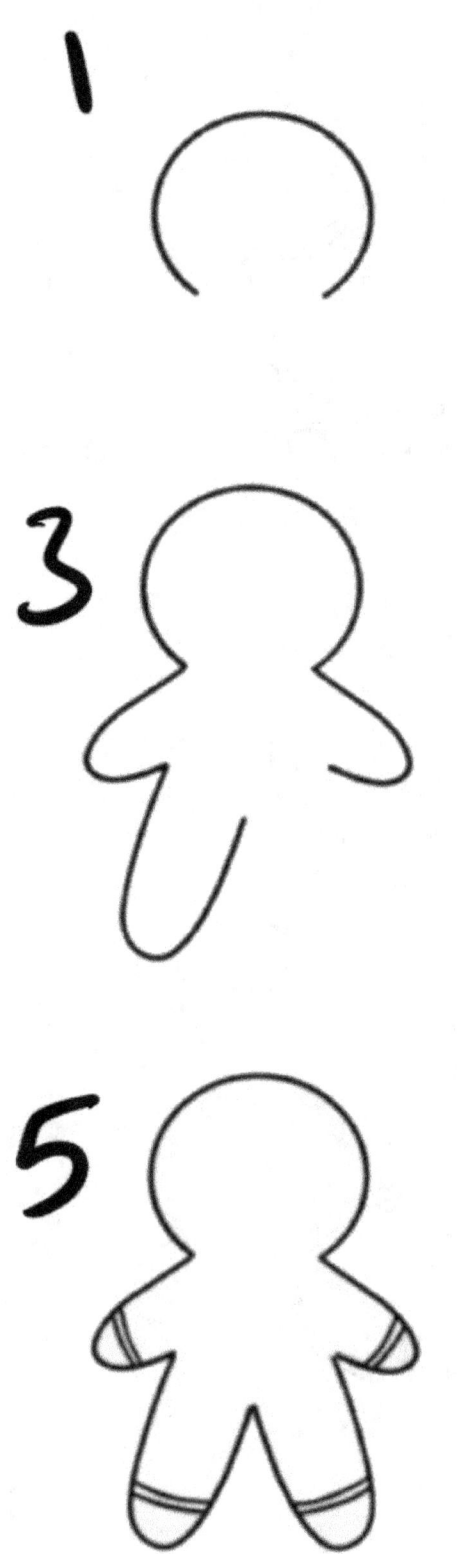

2

3

4

5

6

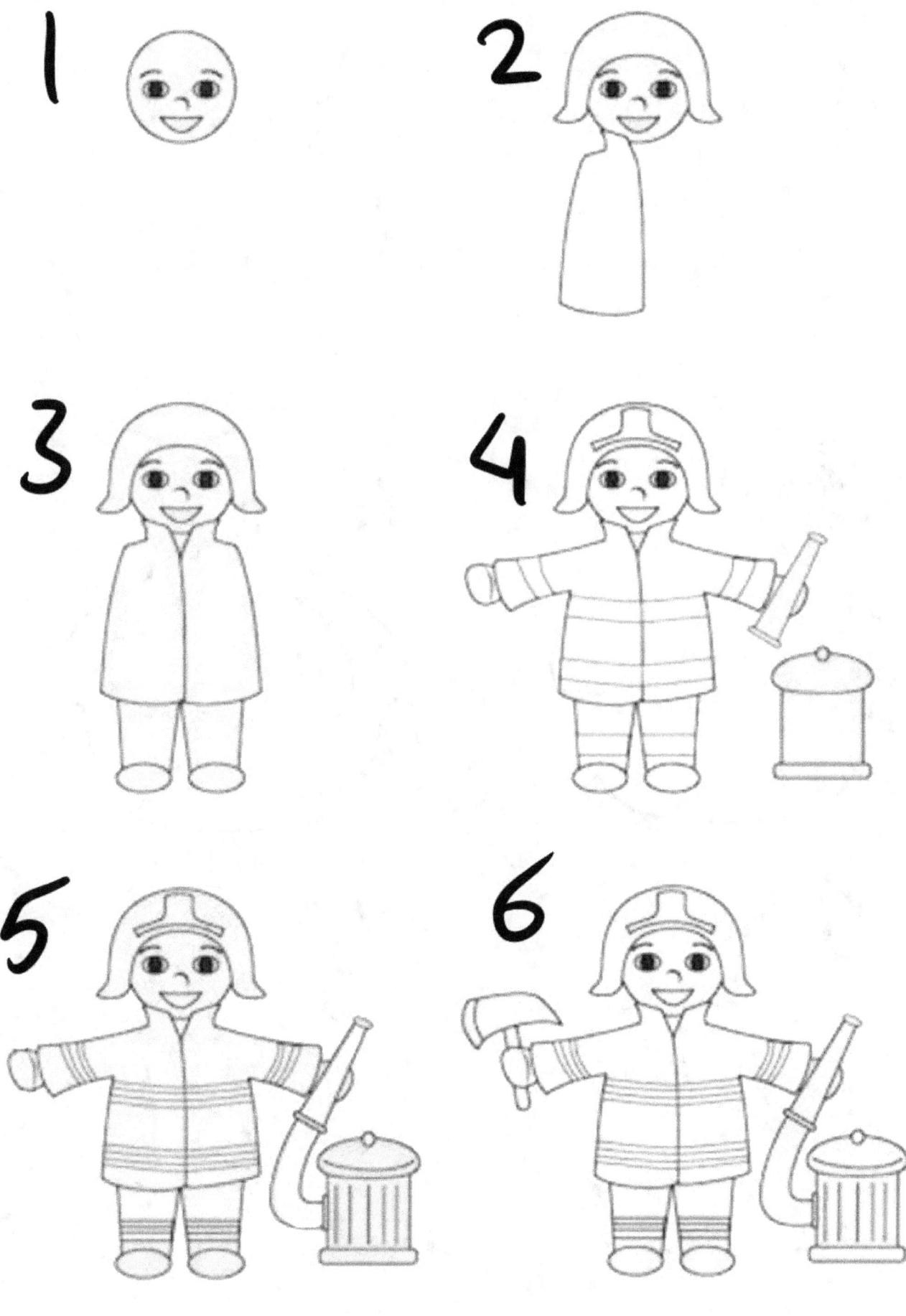

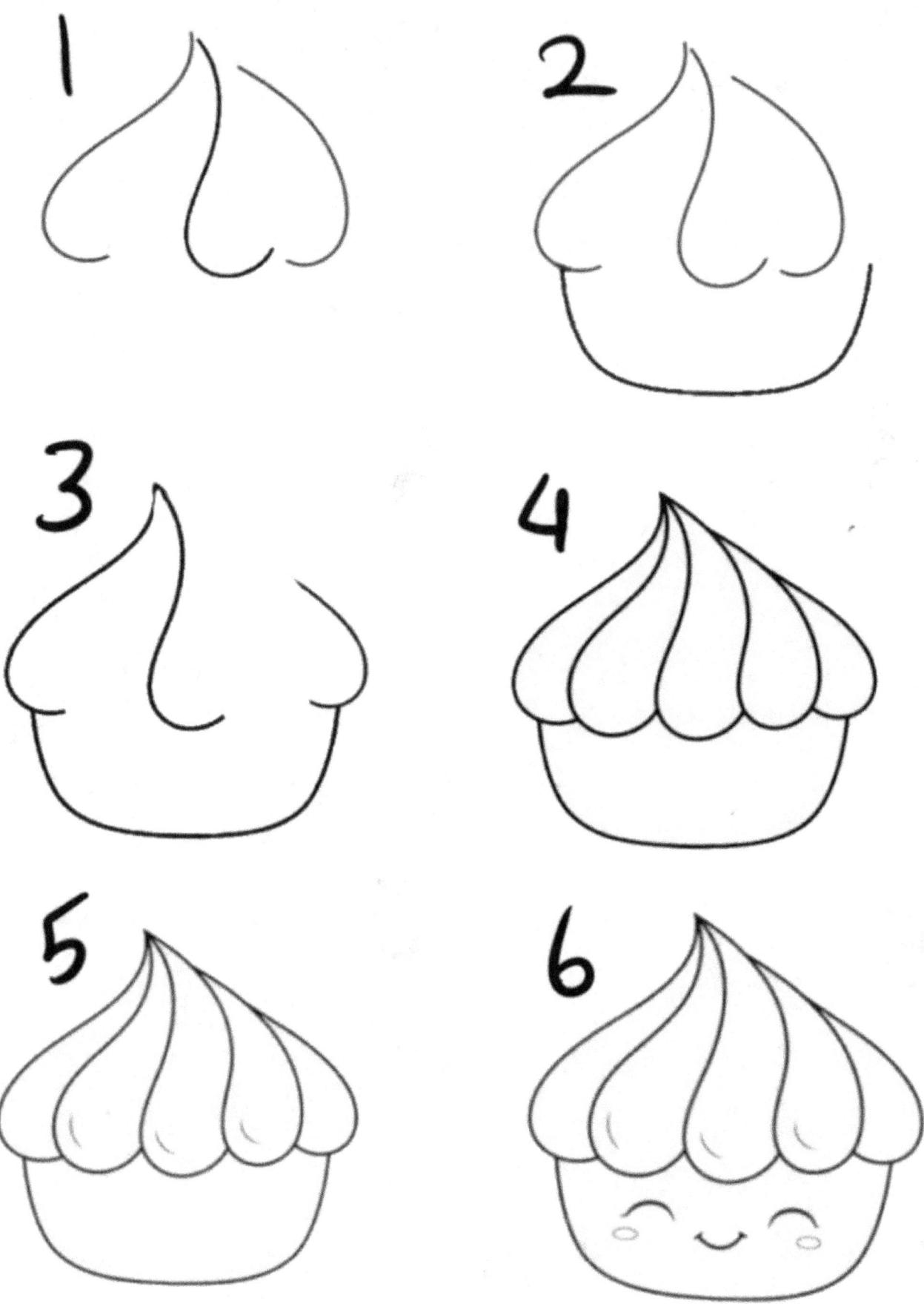

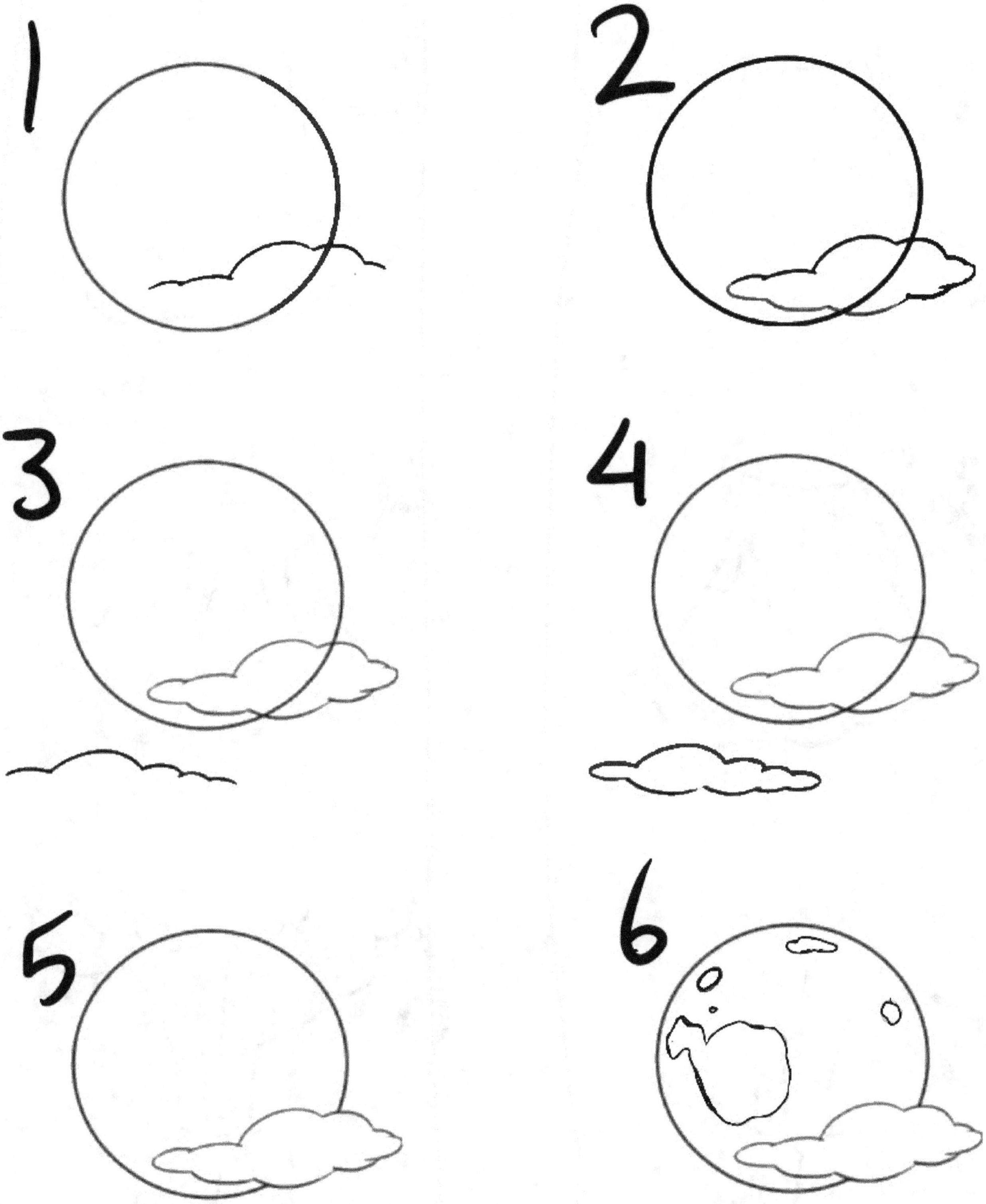

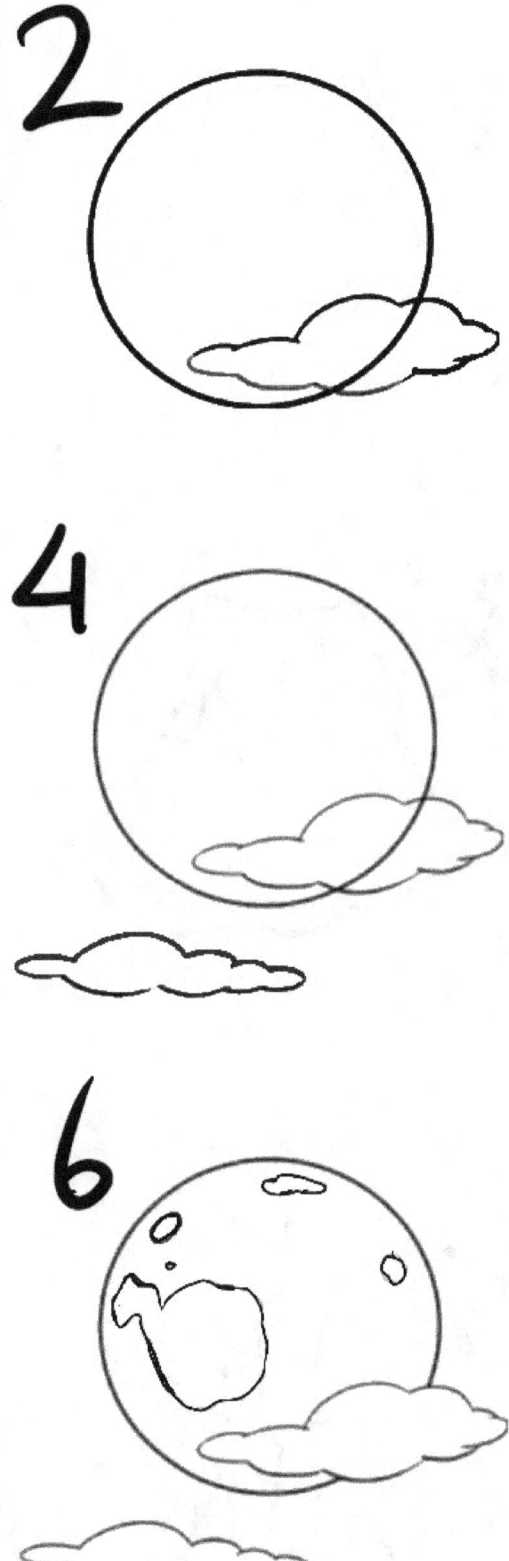

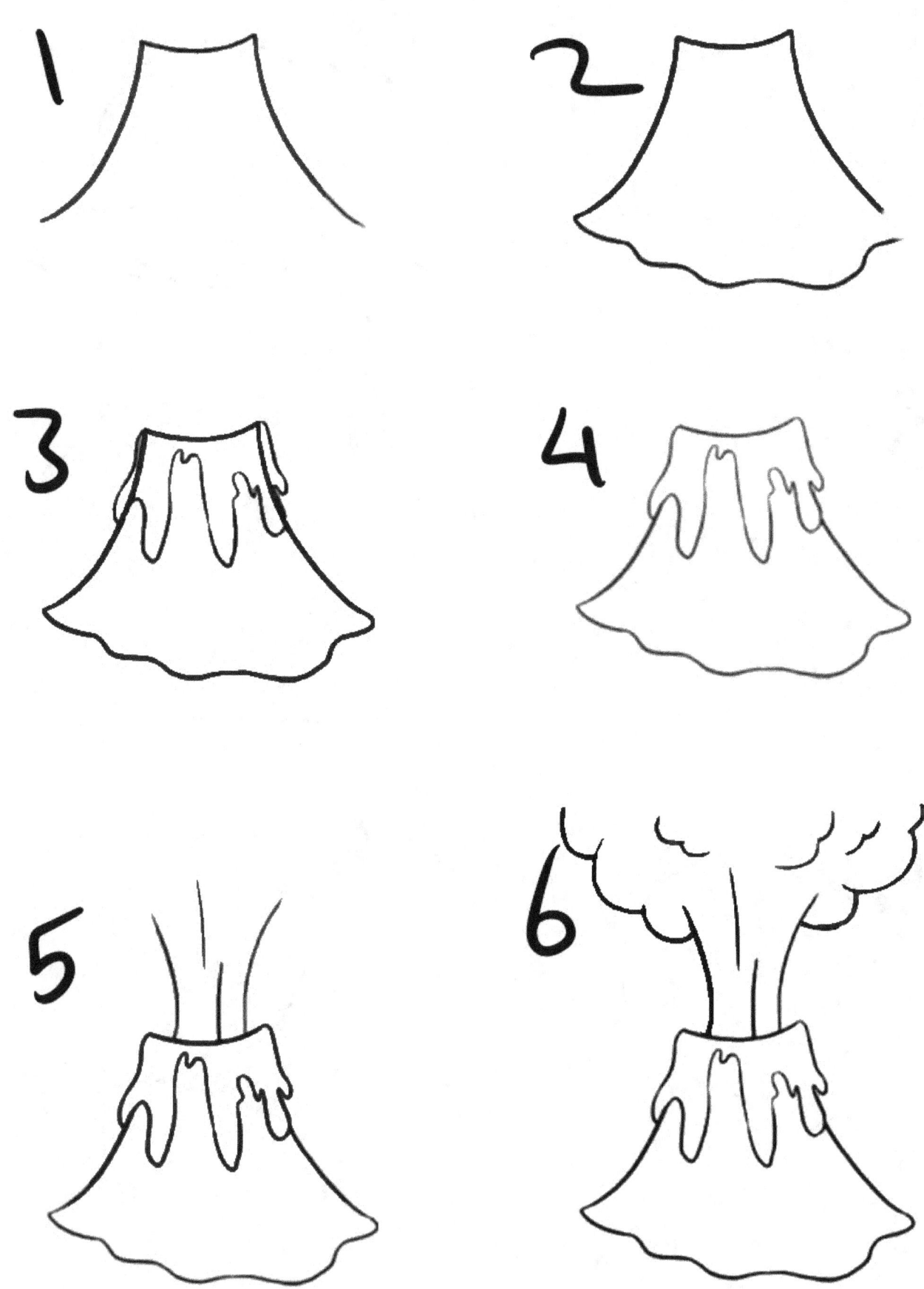

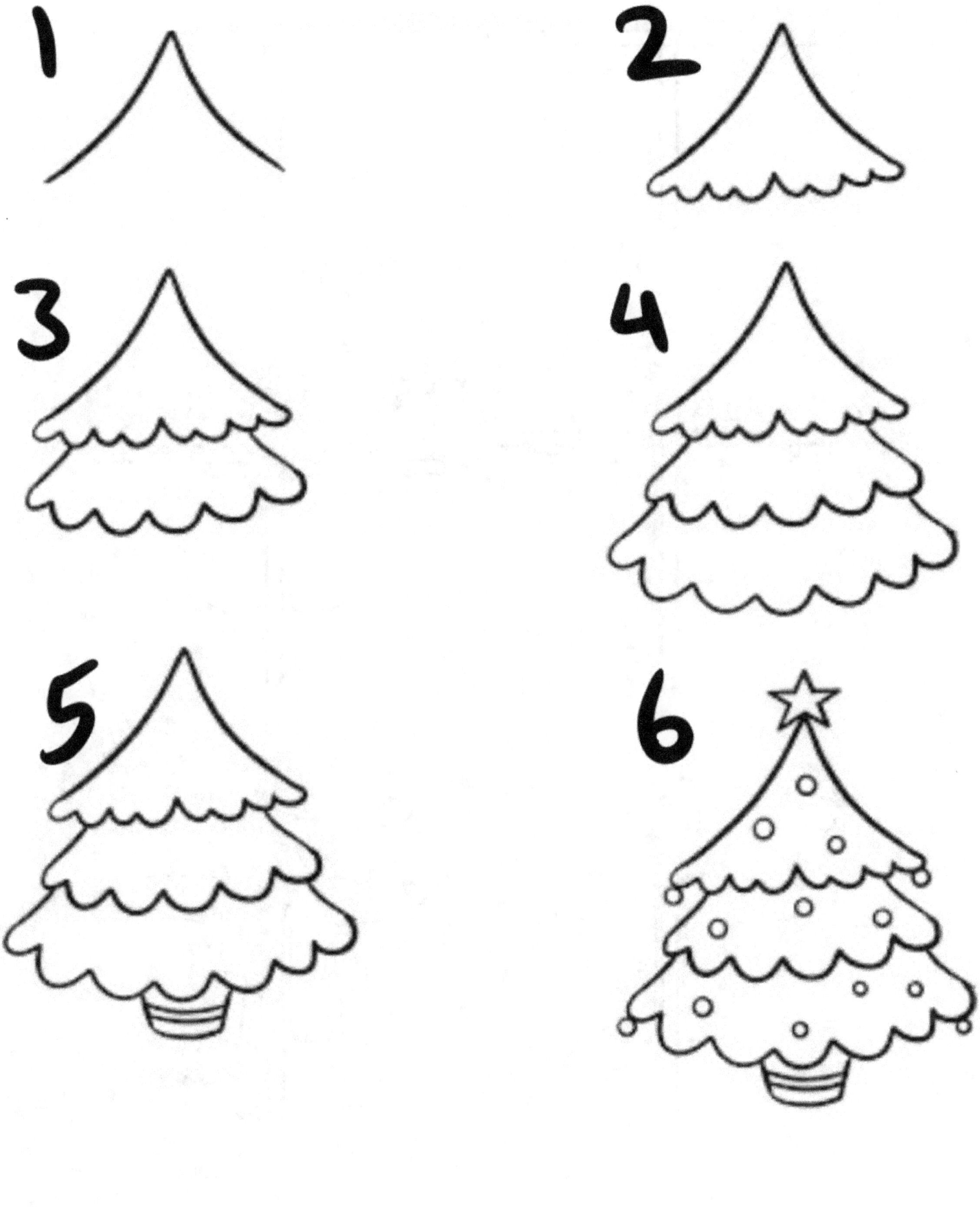

1

2

3

4

5

6

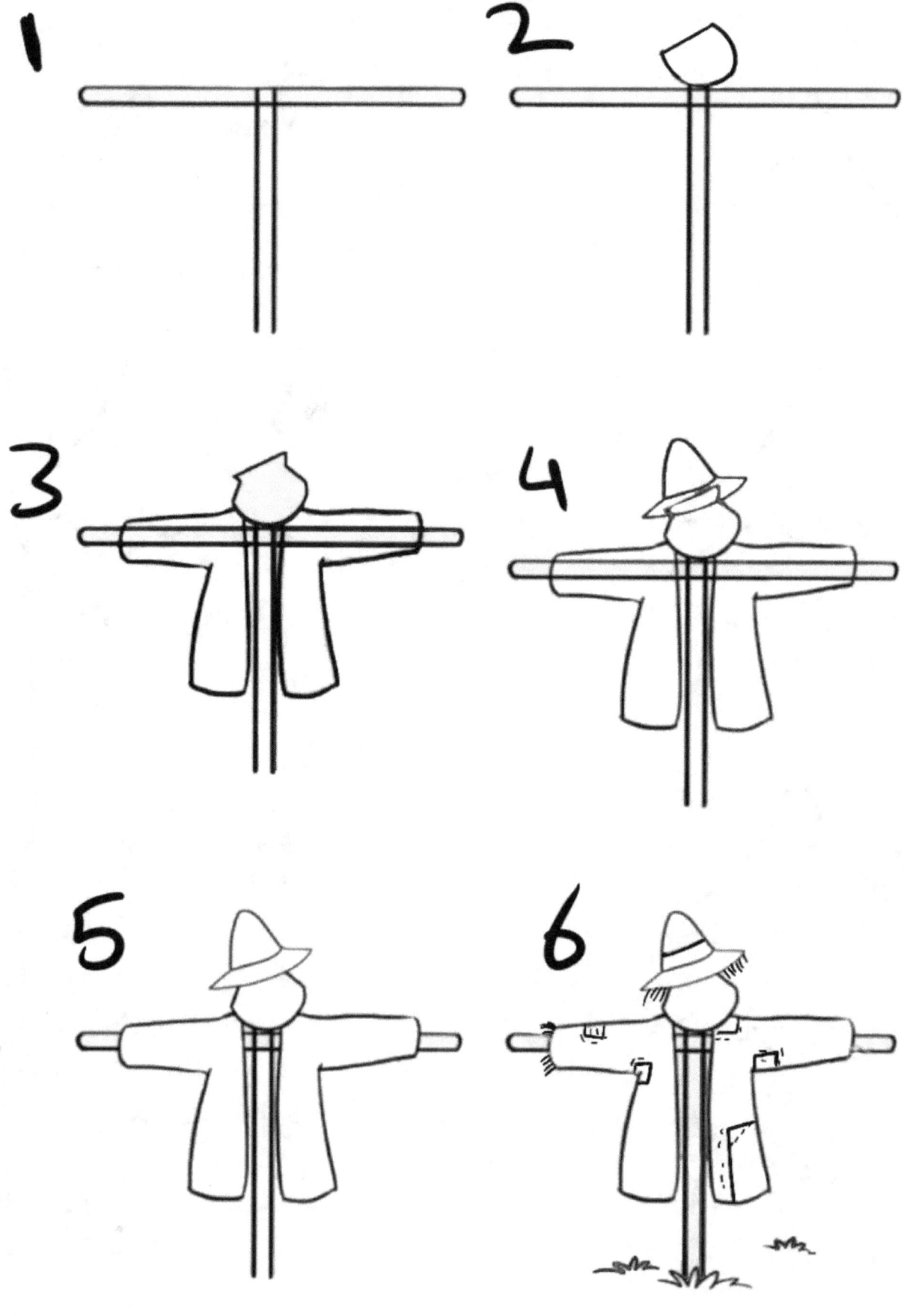

1
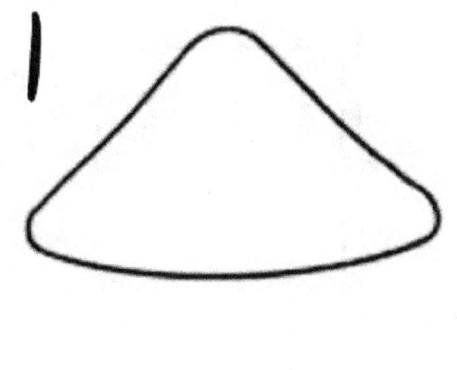

2
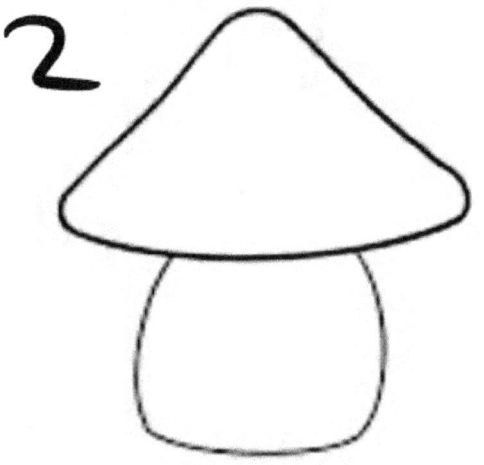

3
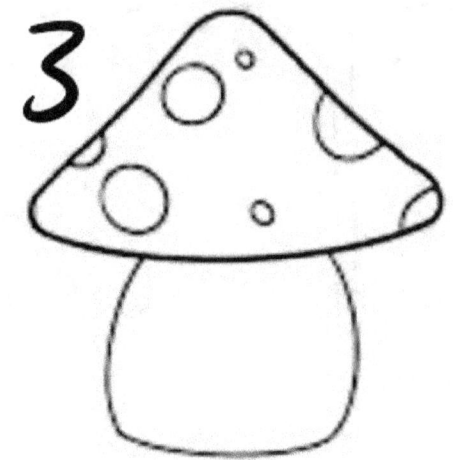

4
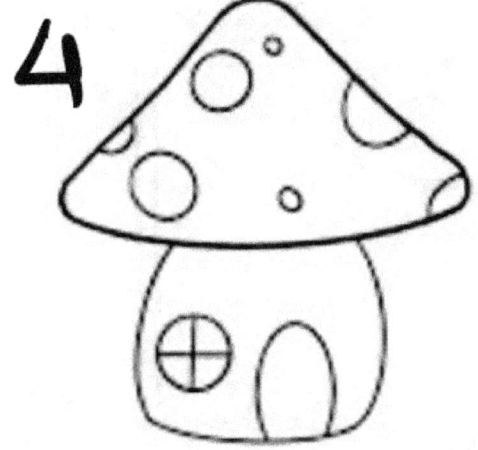

5
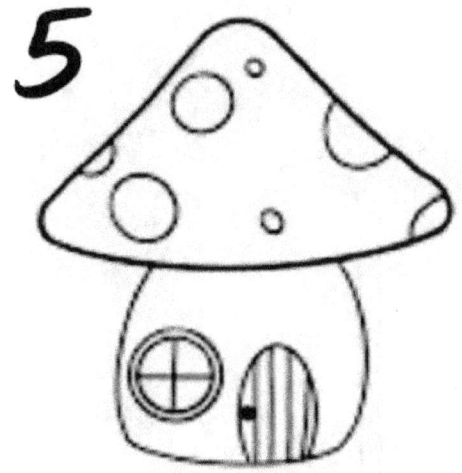

6
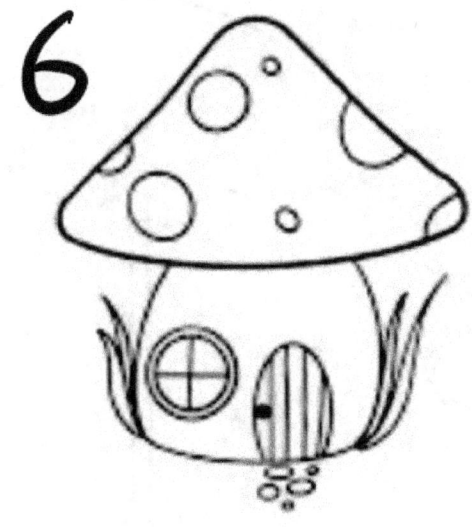

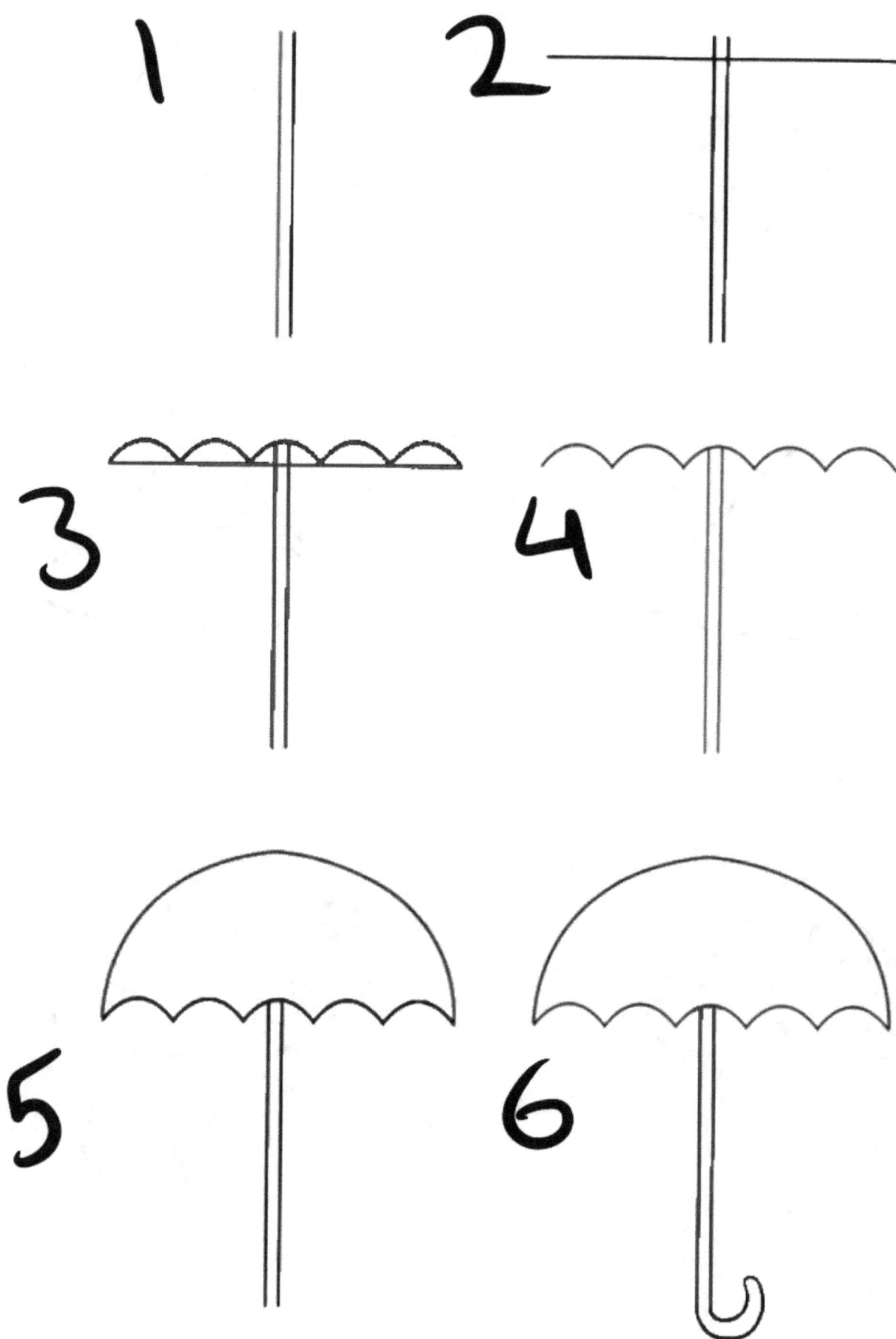

1

2

3

4

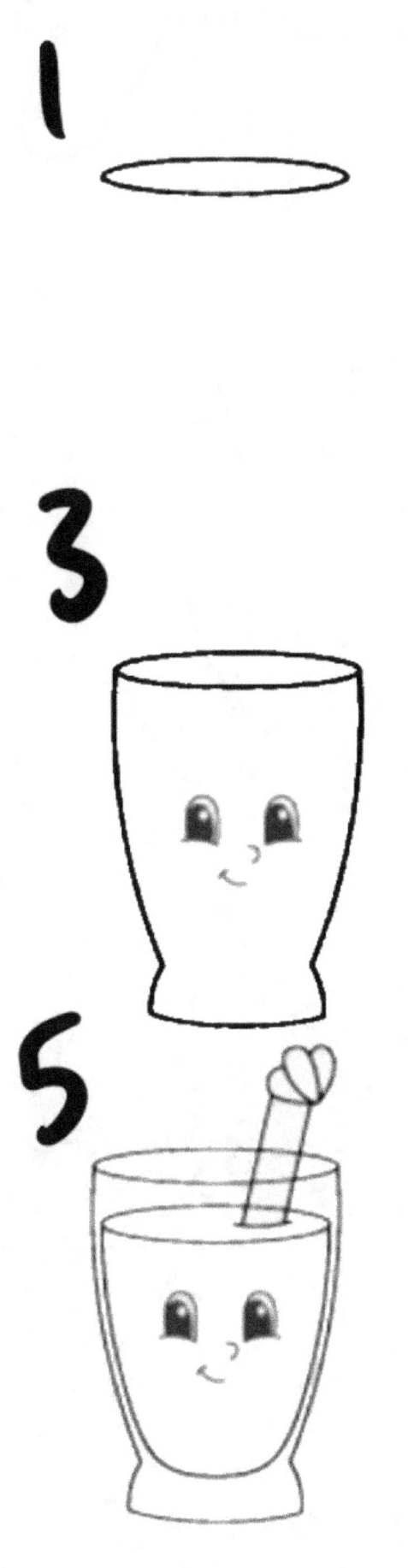

5

6

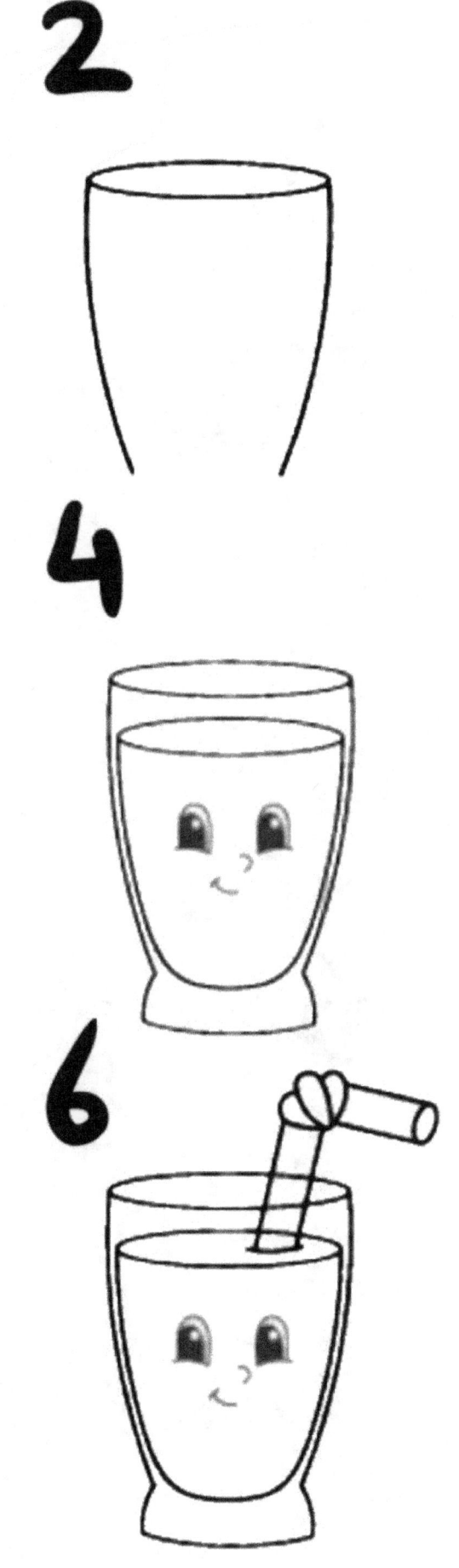

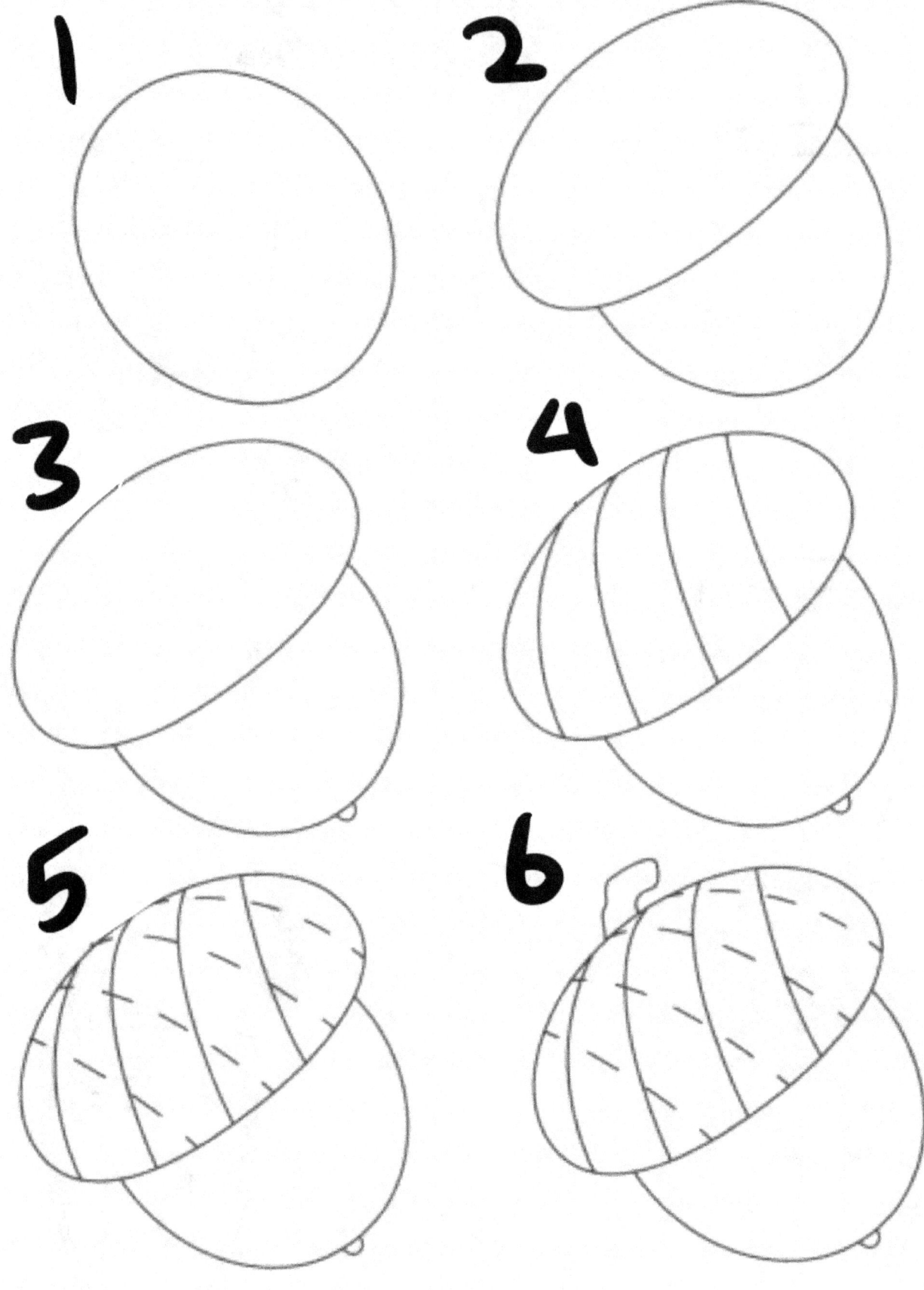

1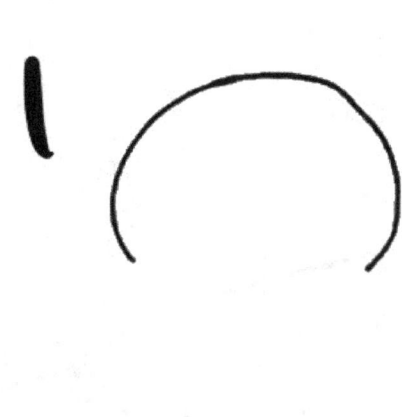

2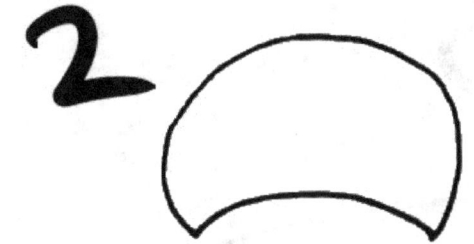

3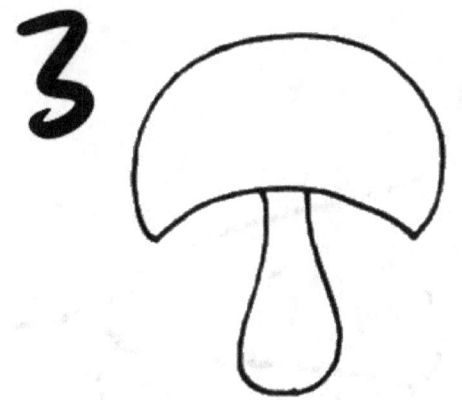

4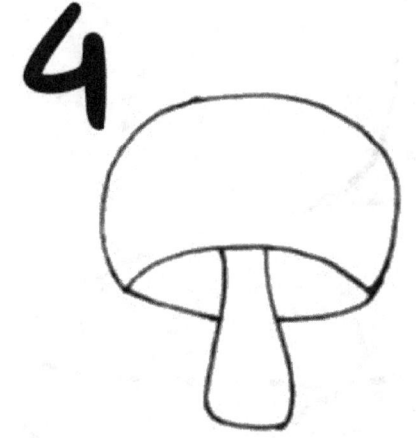

5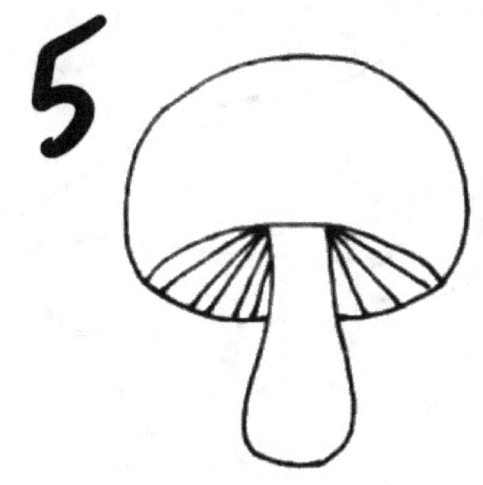

6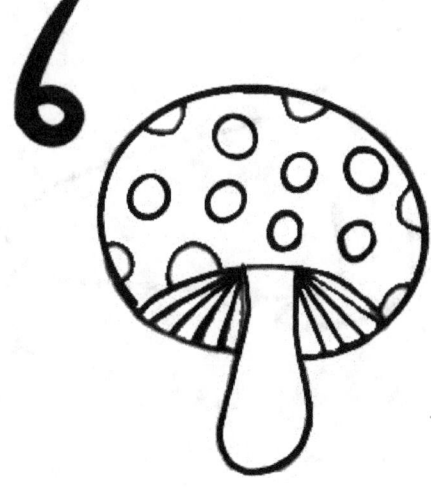

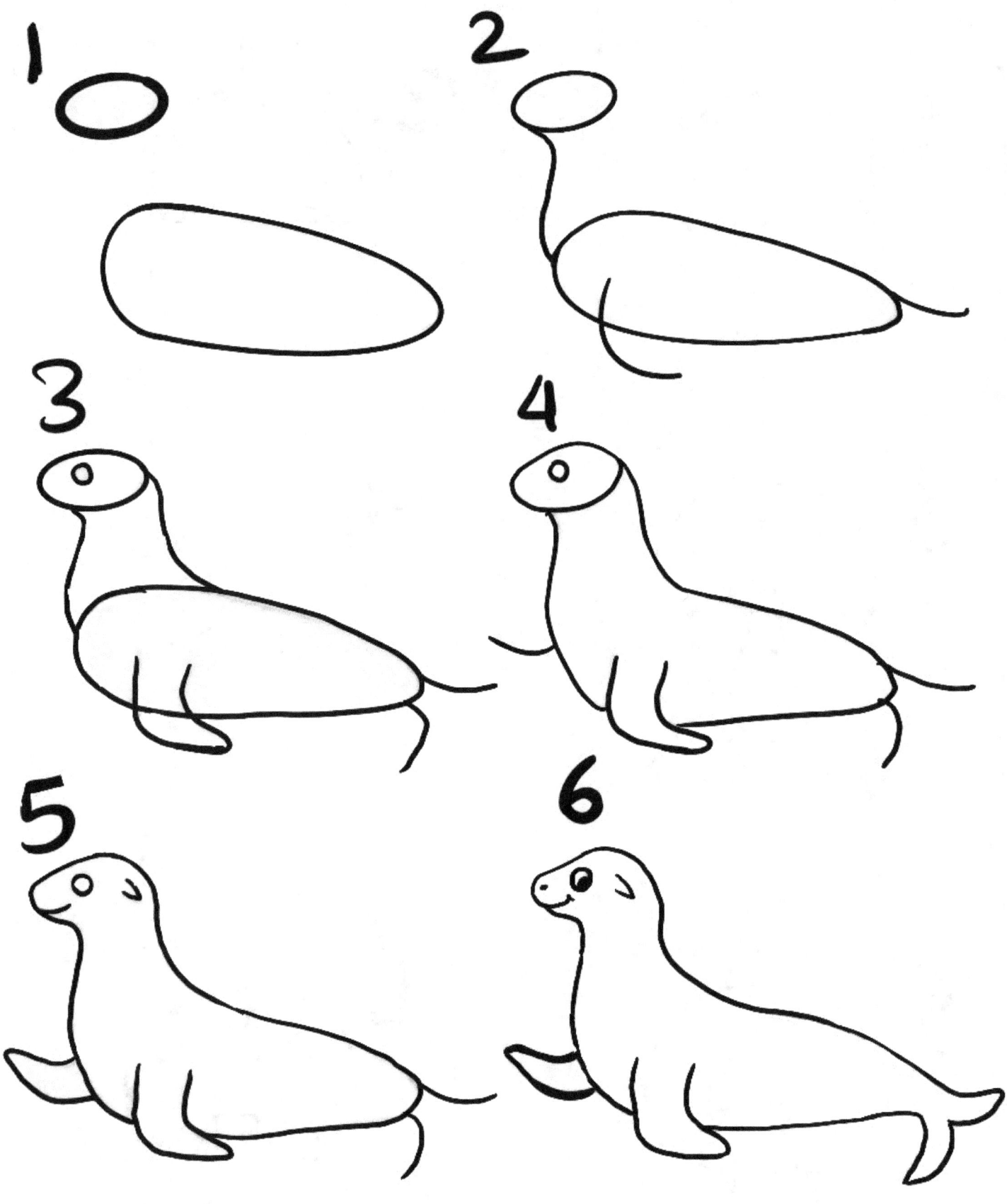

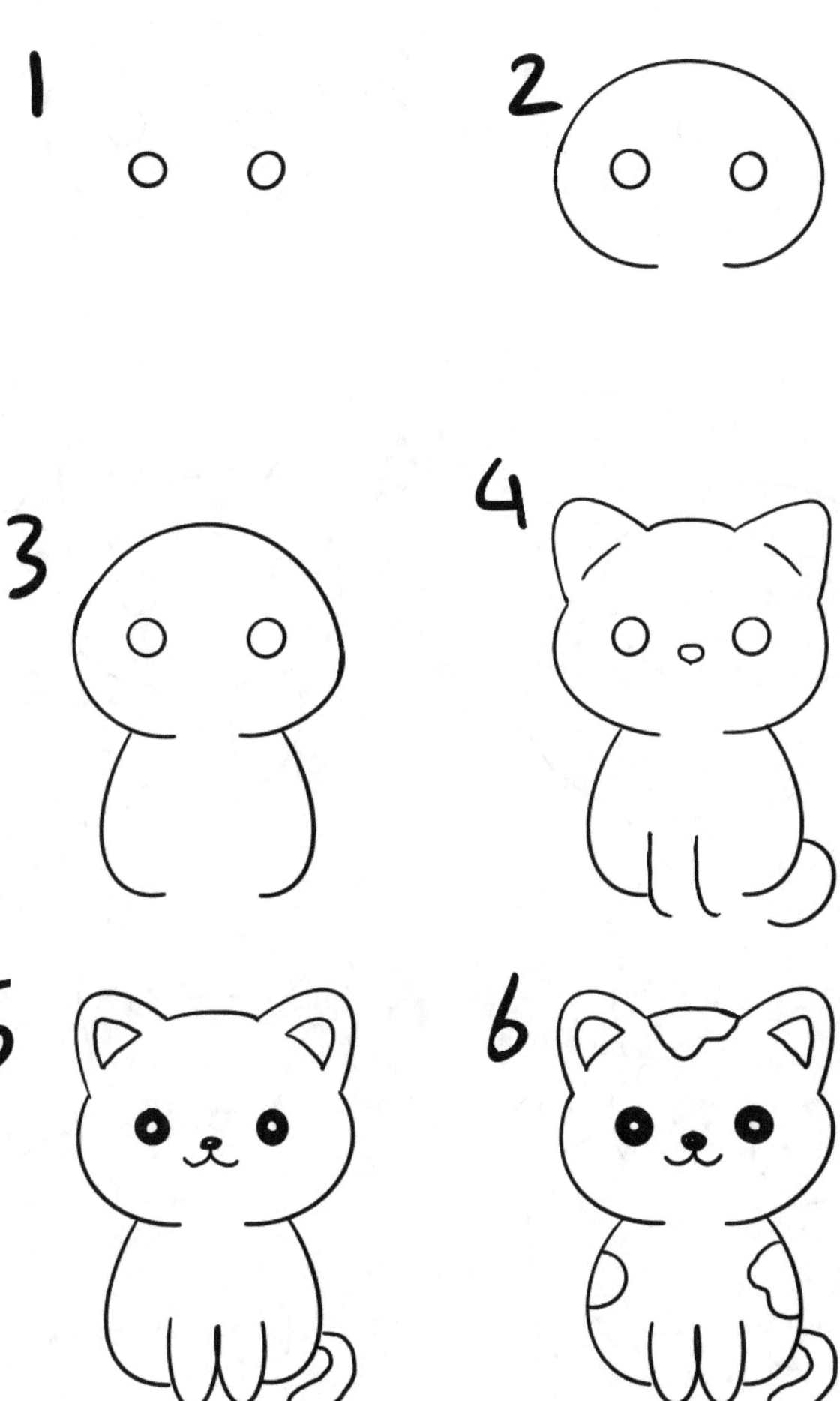

1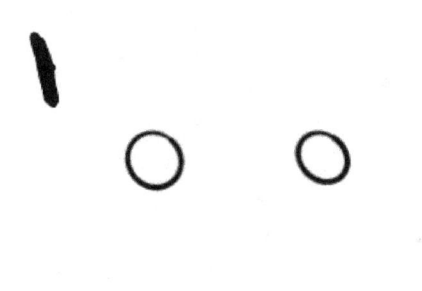

2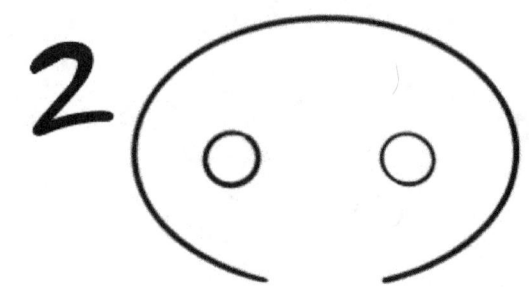

3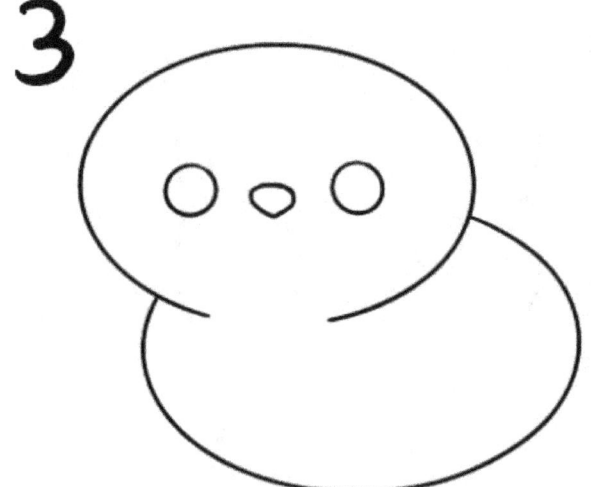

4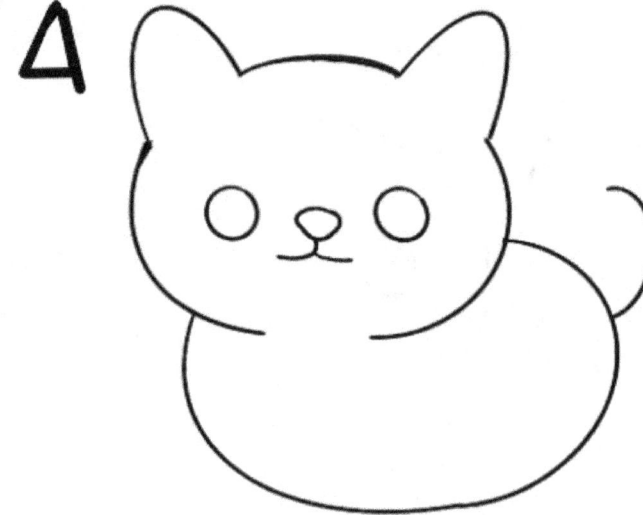

5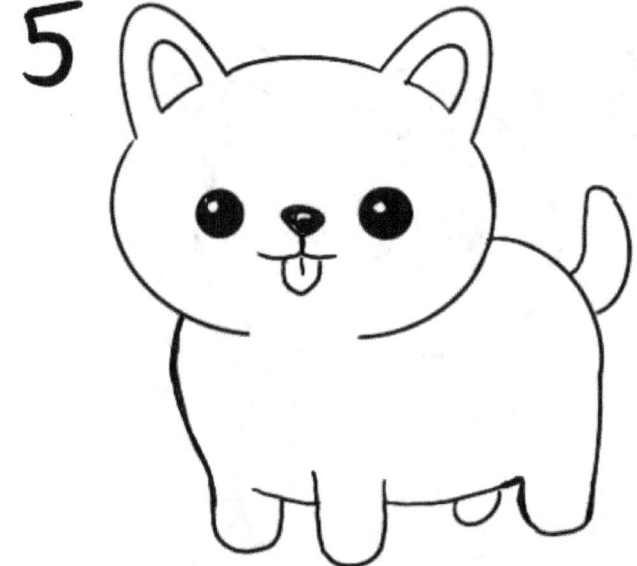

6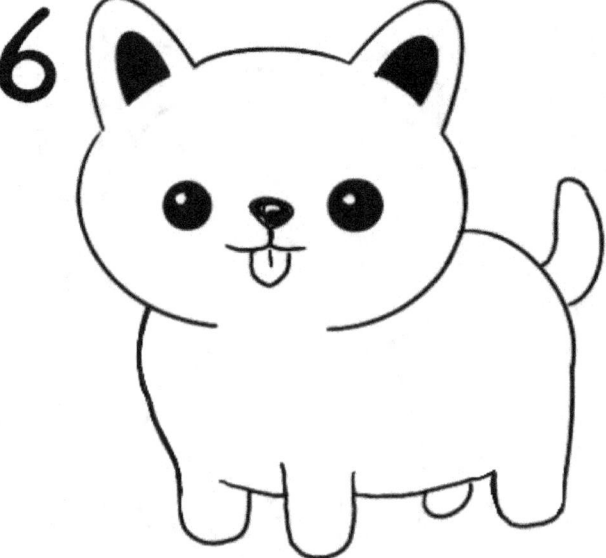

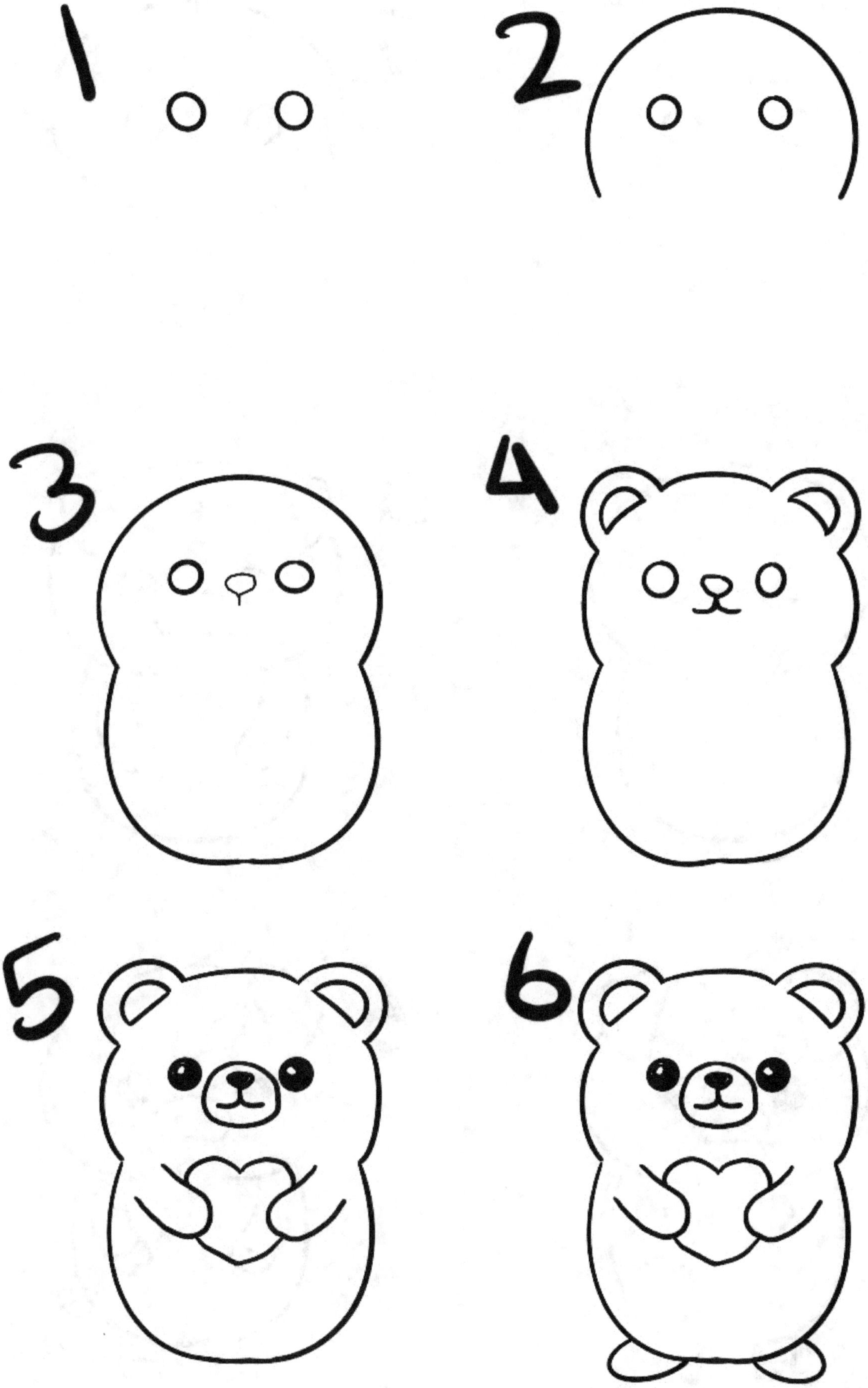

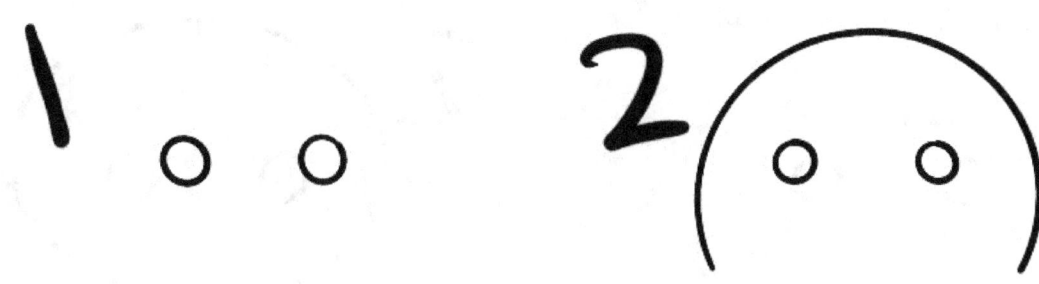

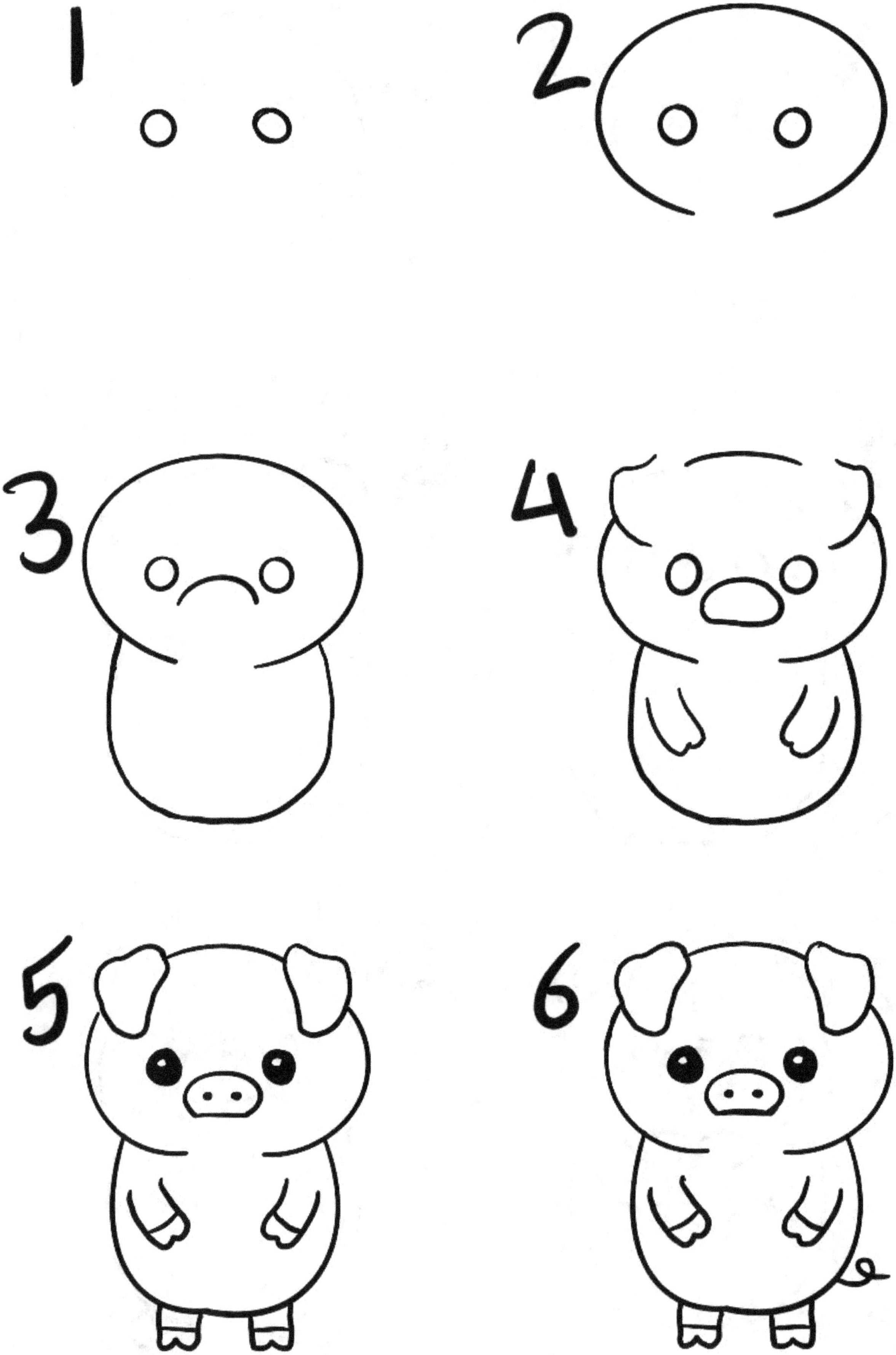

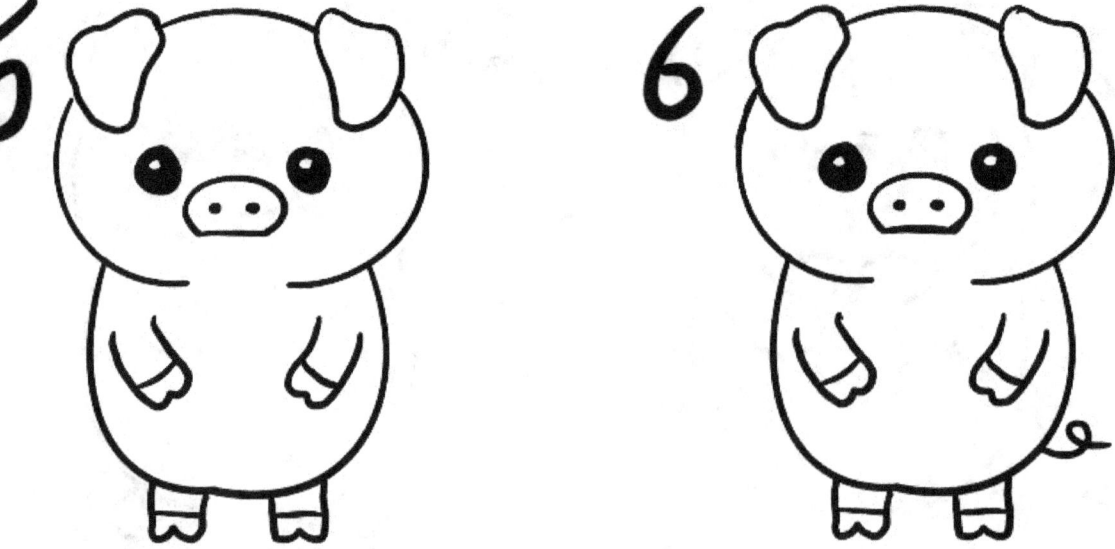

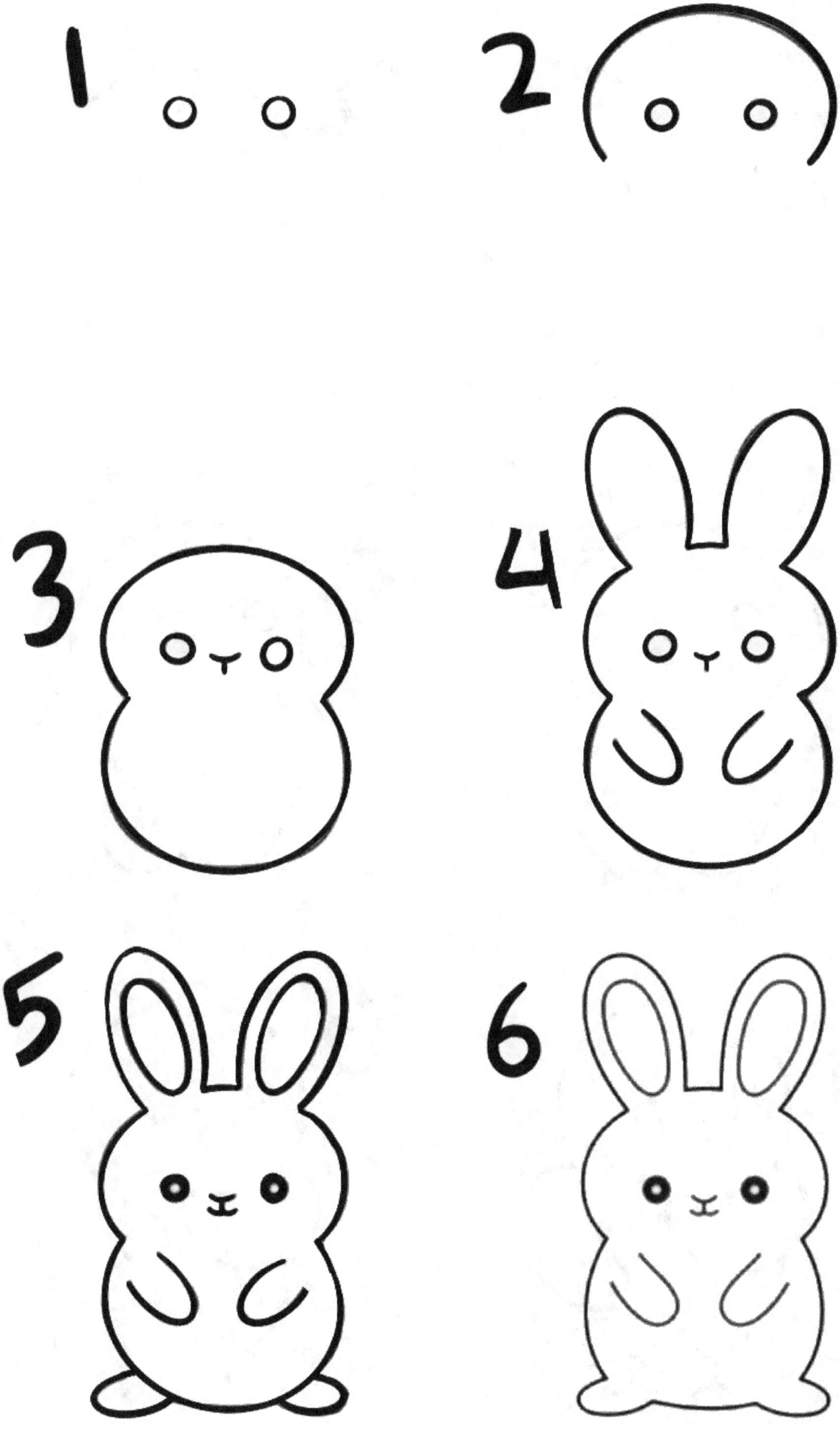

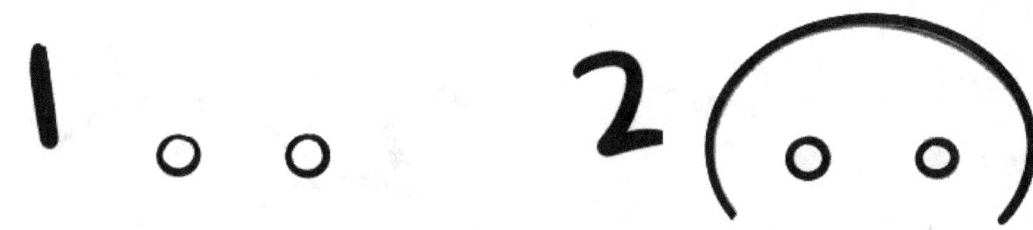

1

2

3

4

5

6

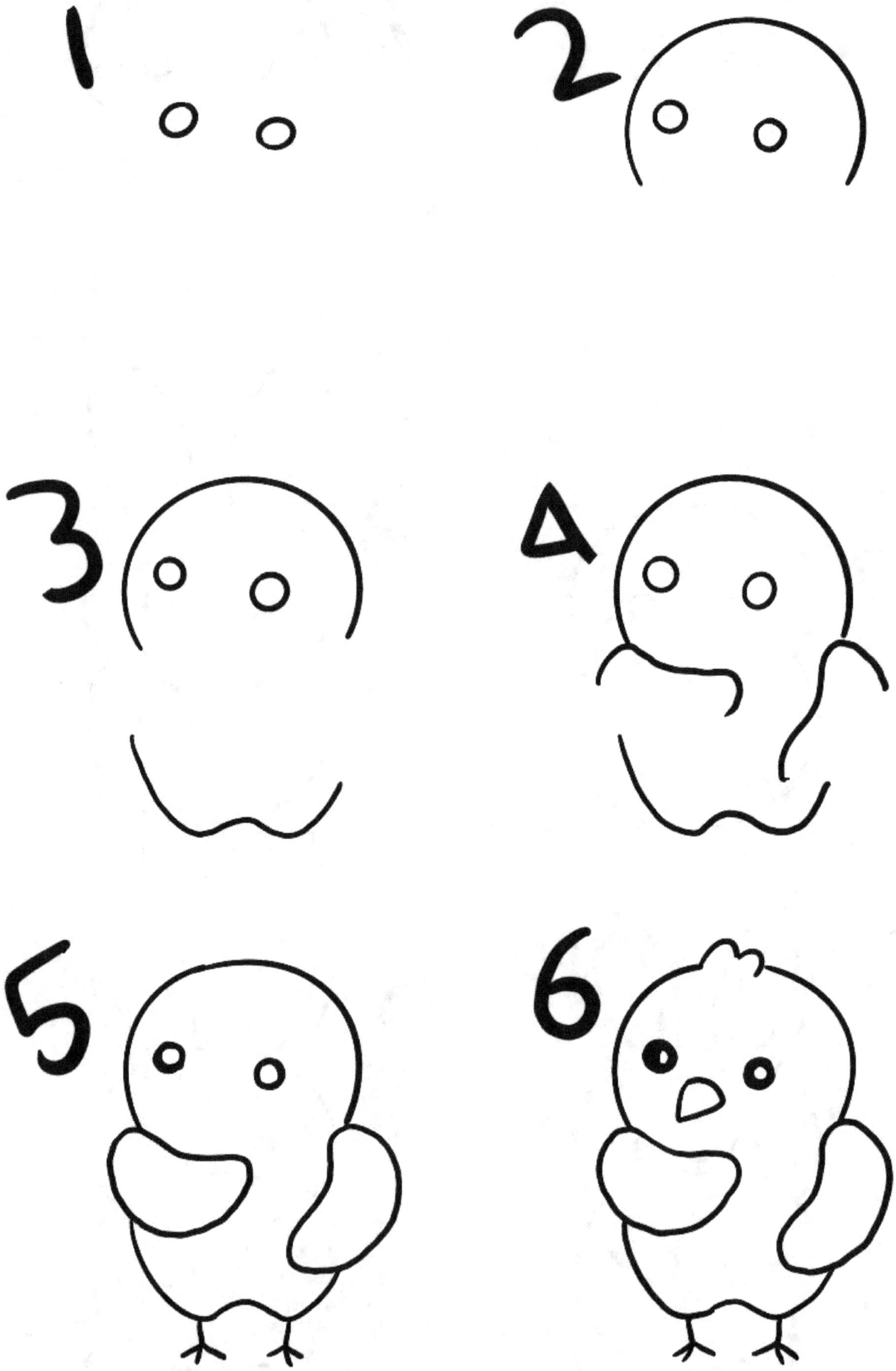

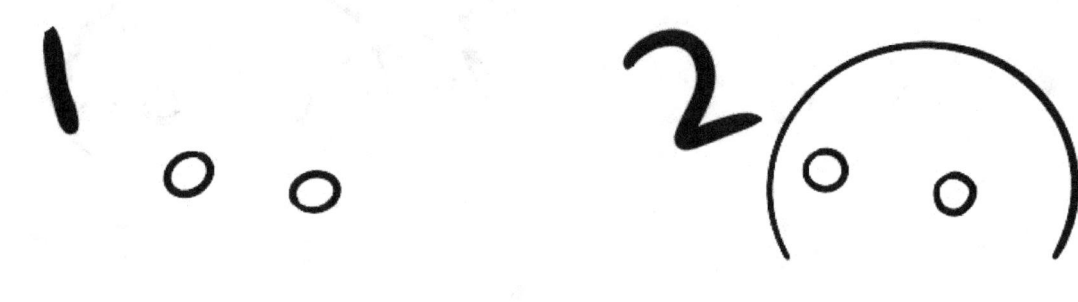

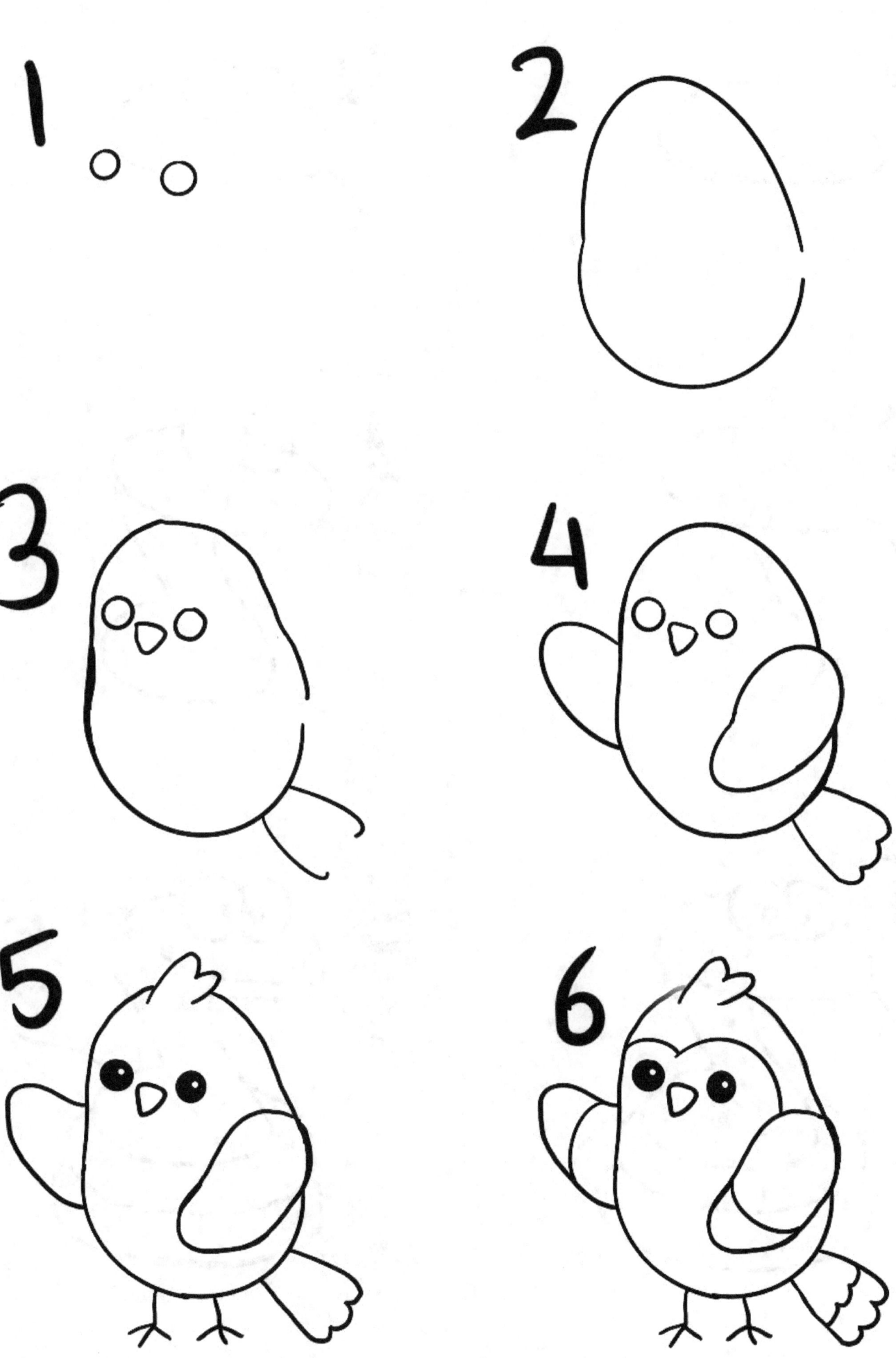

1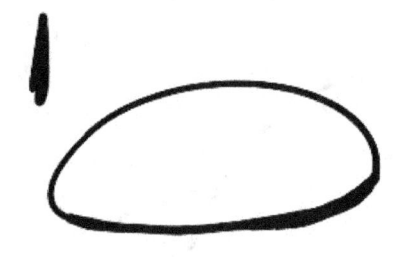

2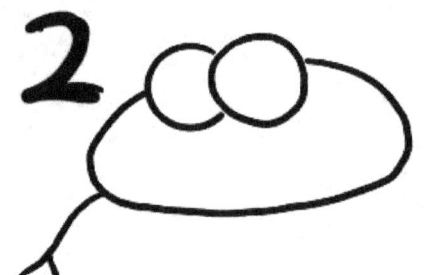

3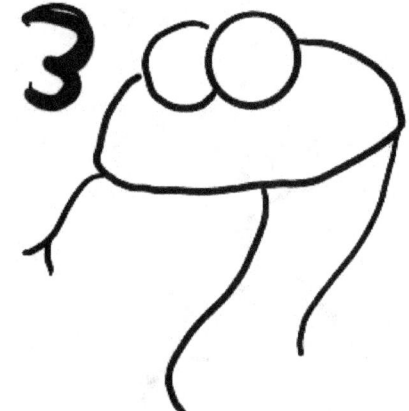

4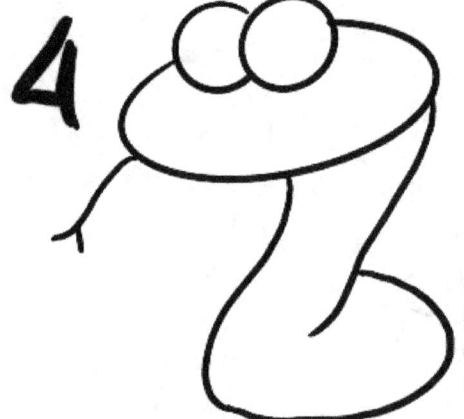

5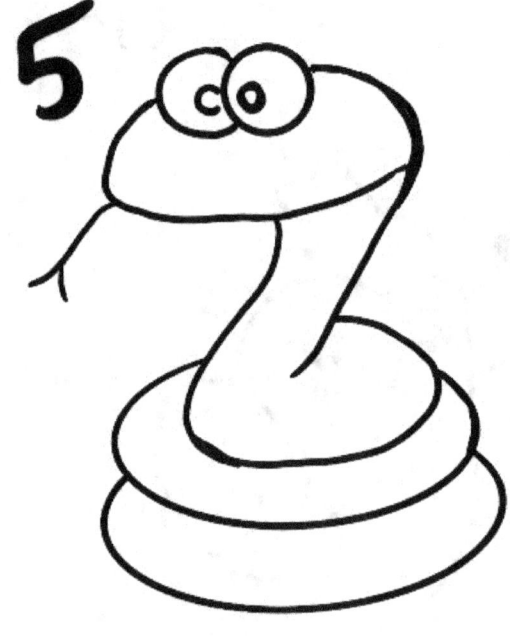

6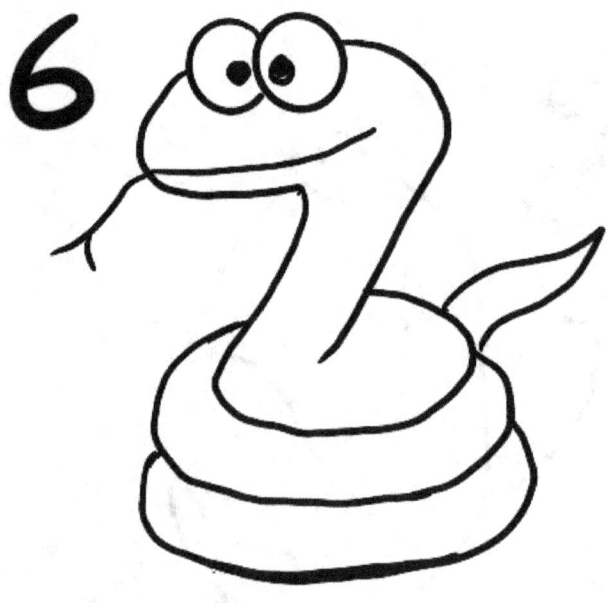

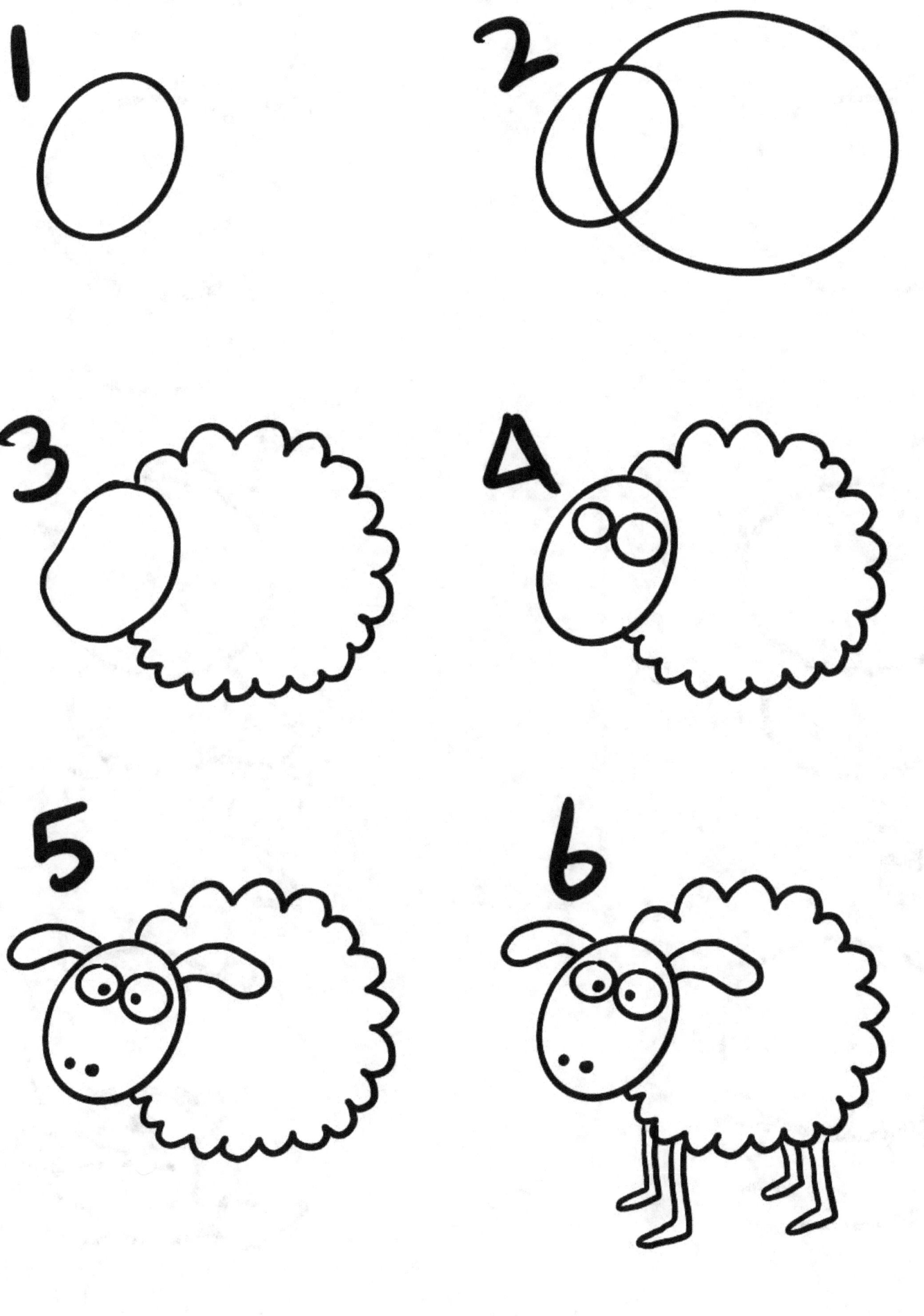

1

2

3

4

5

6

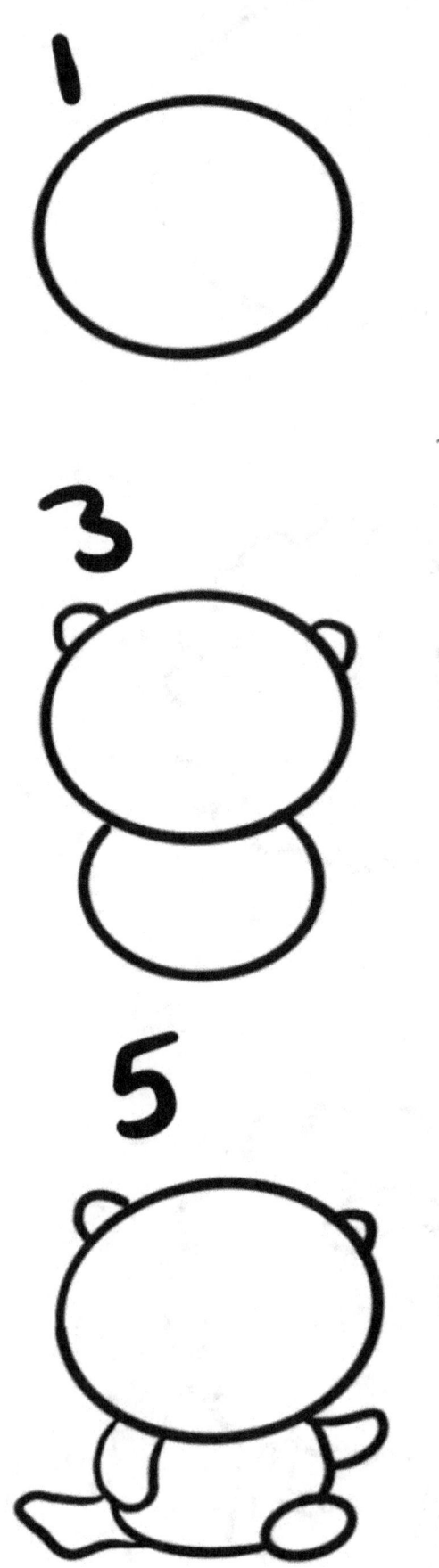
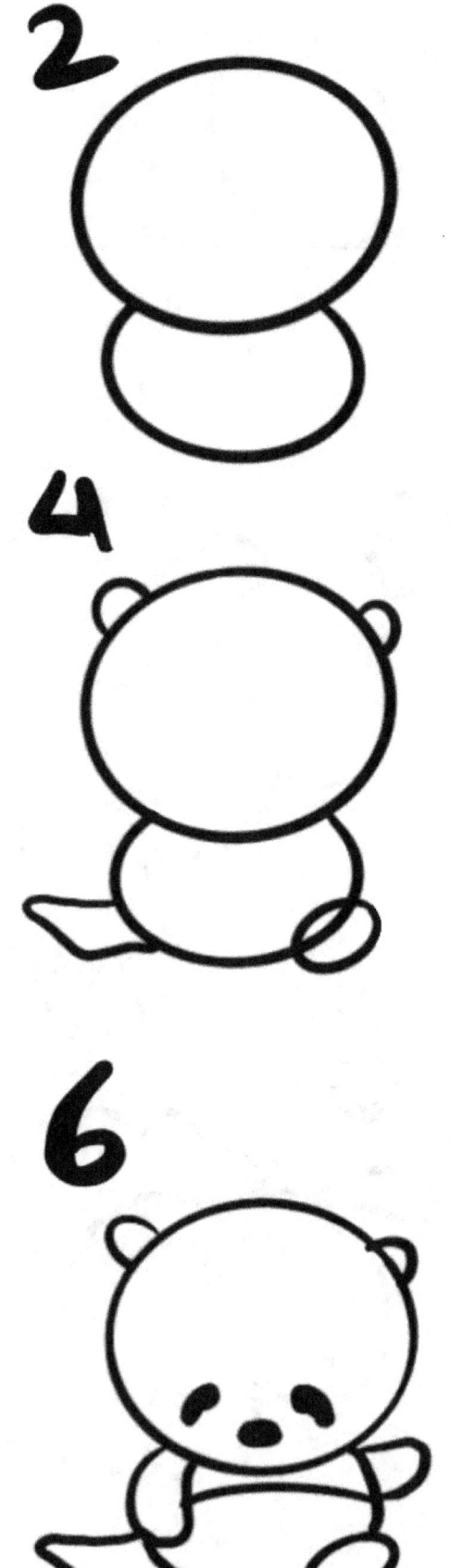

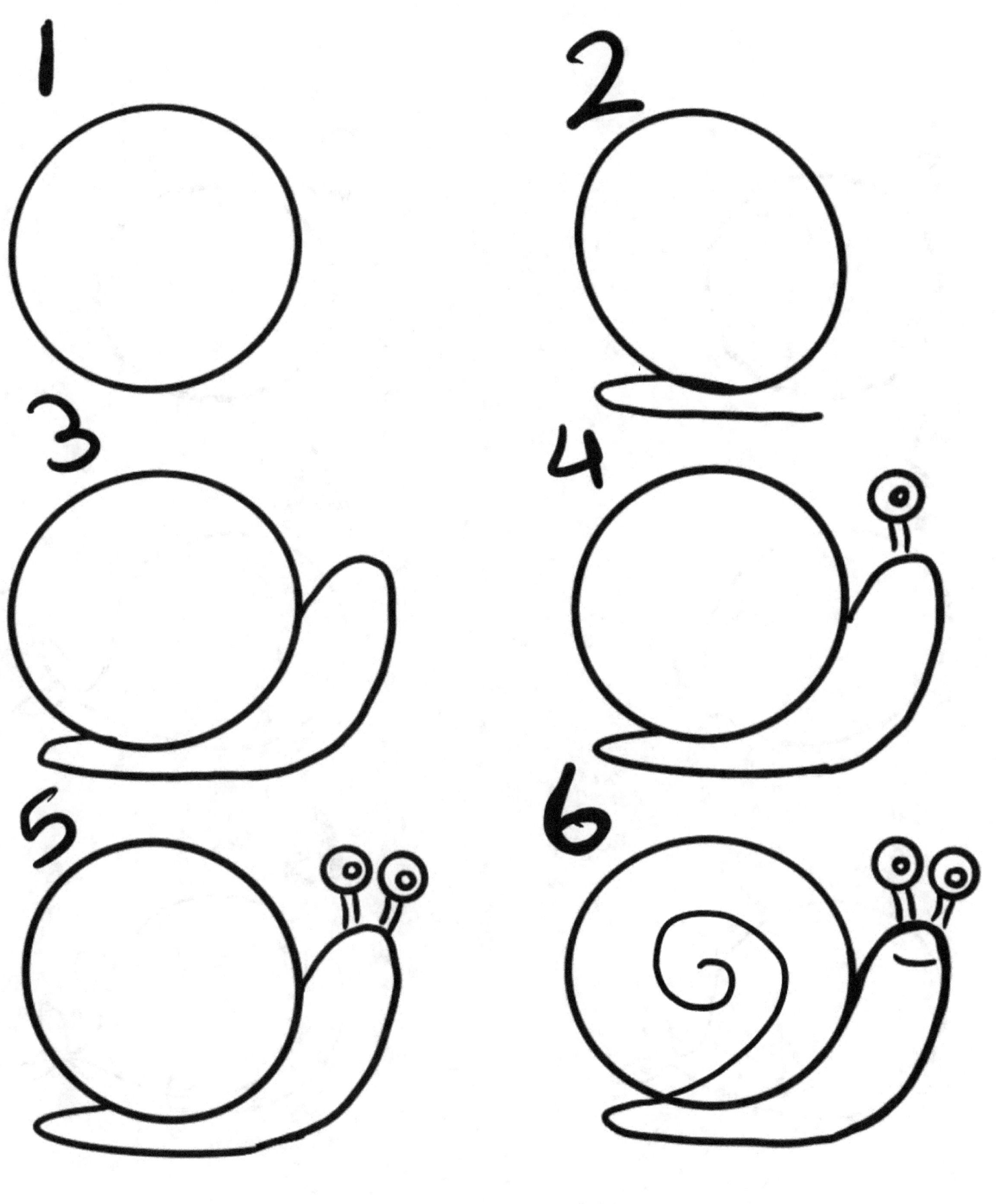

1

2

3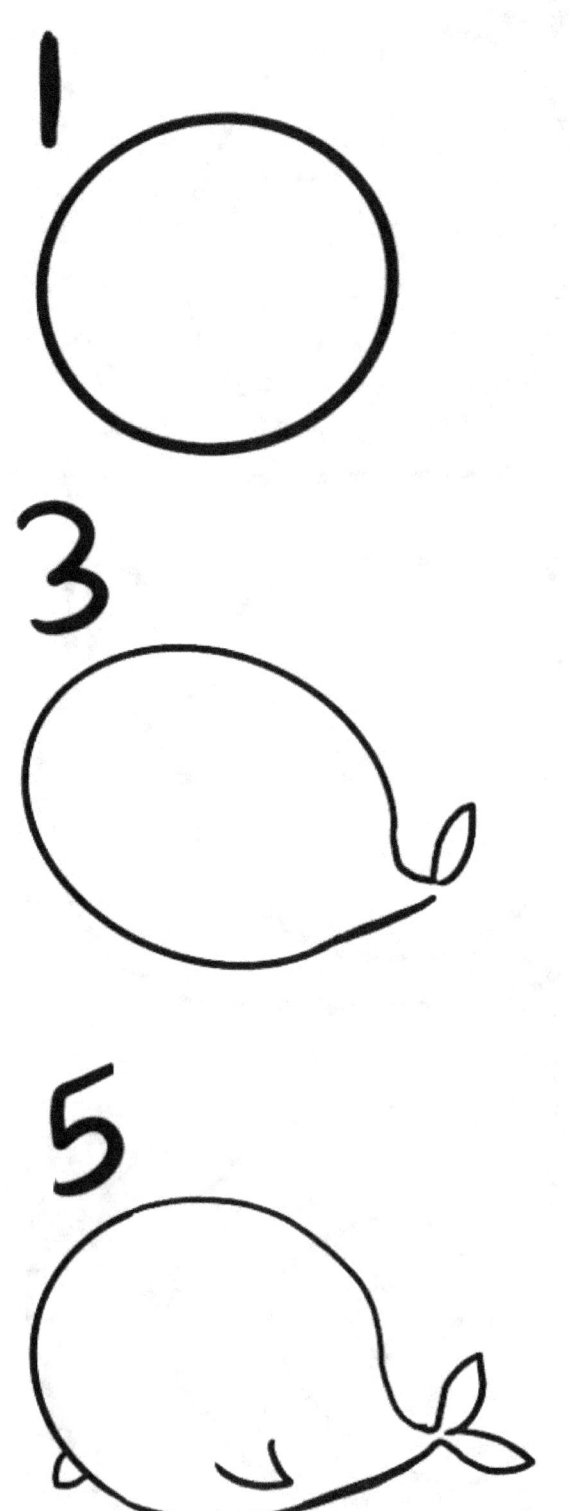

4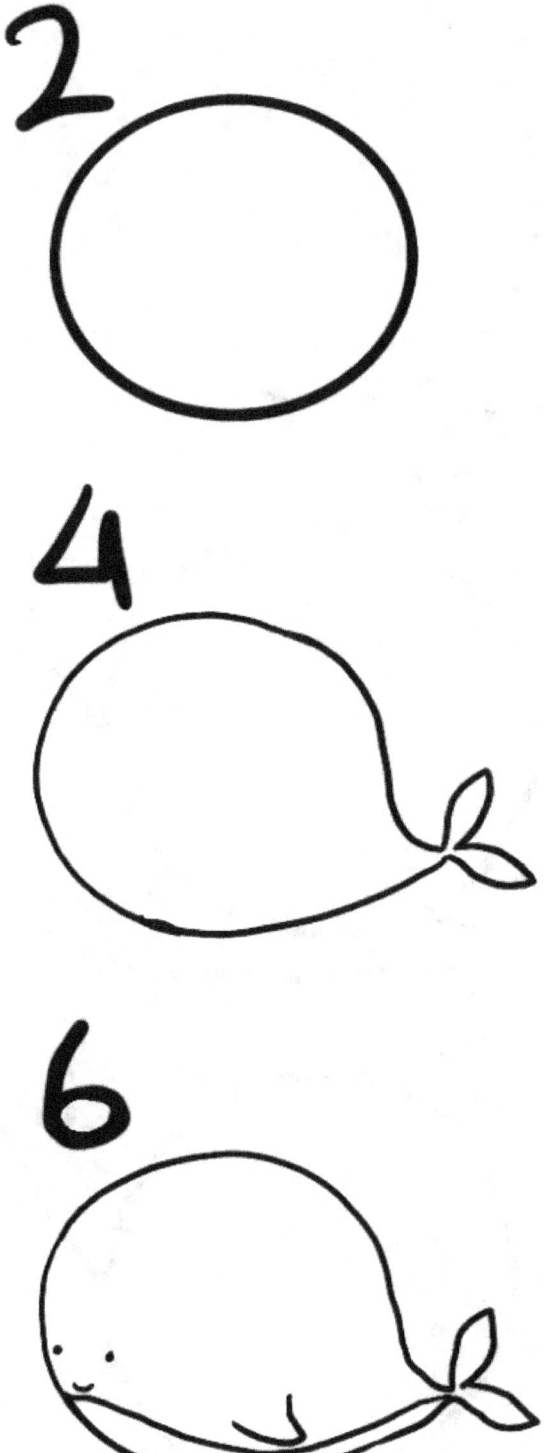

5

6

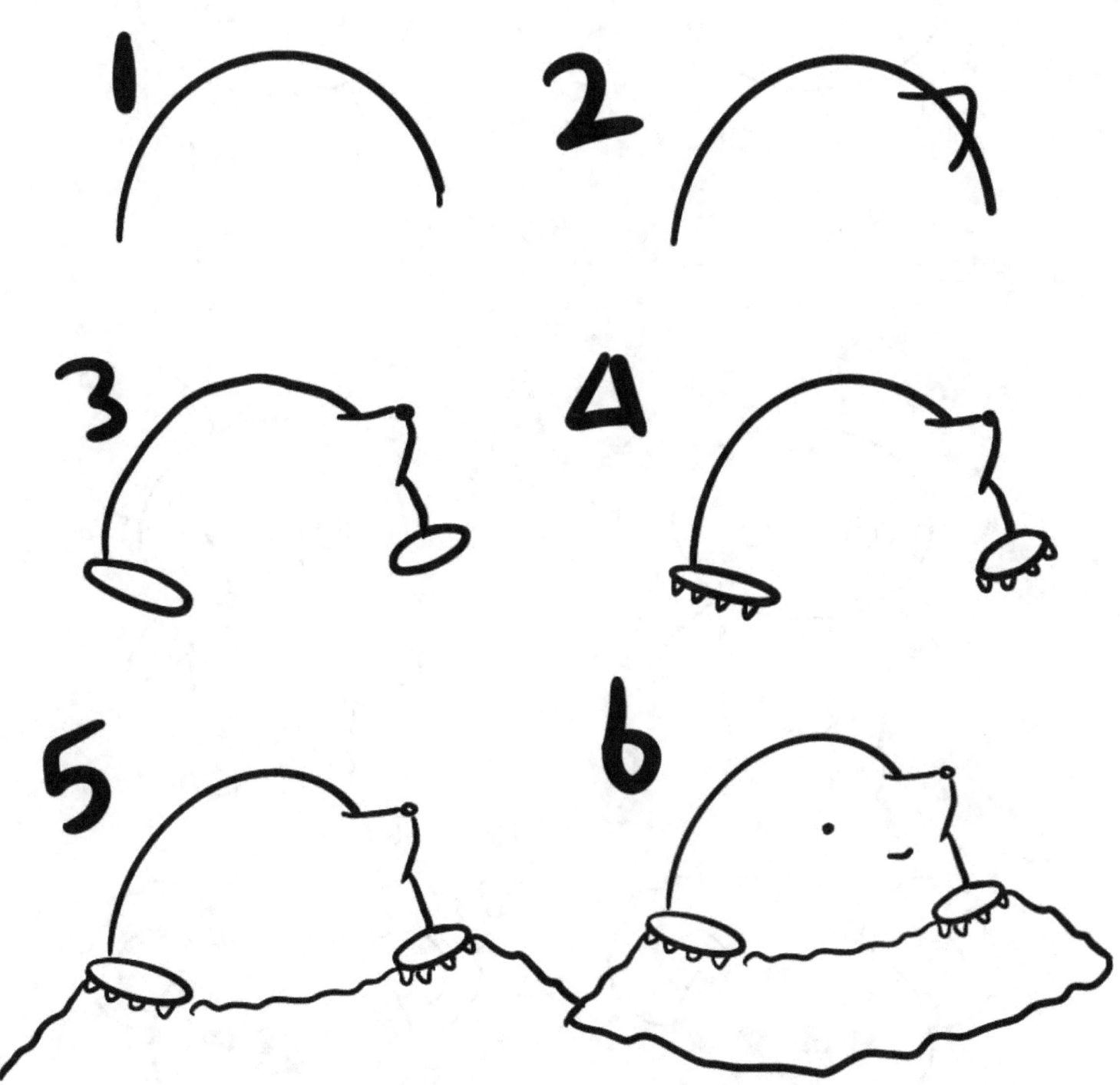

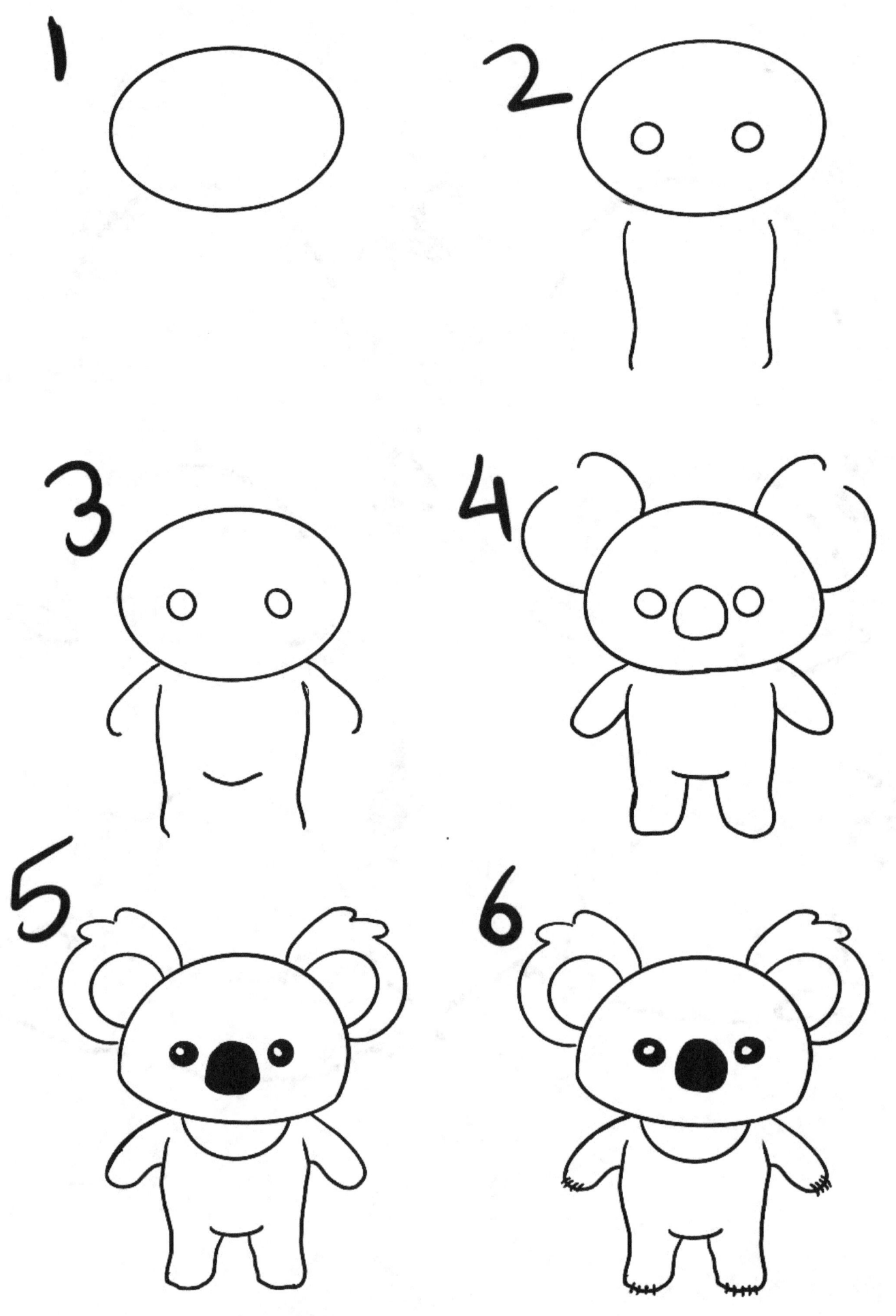

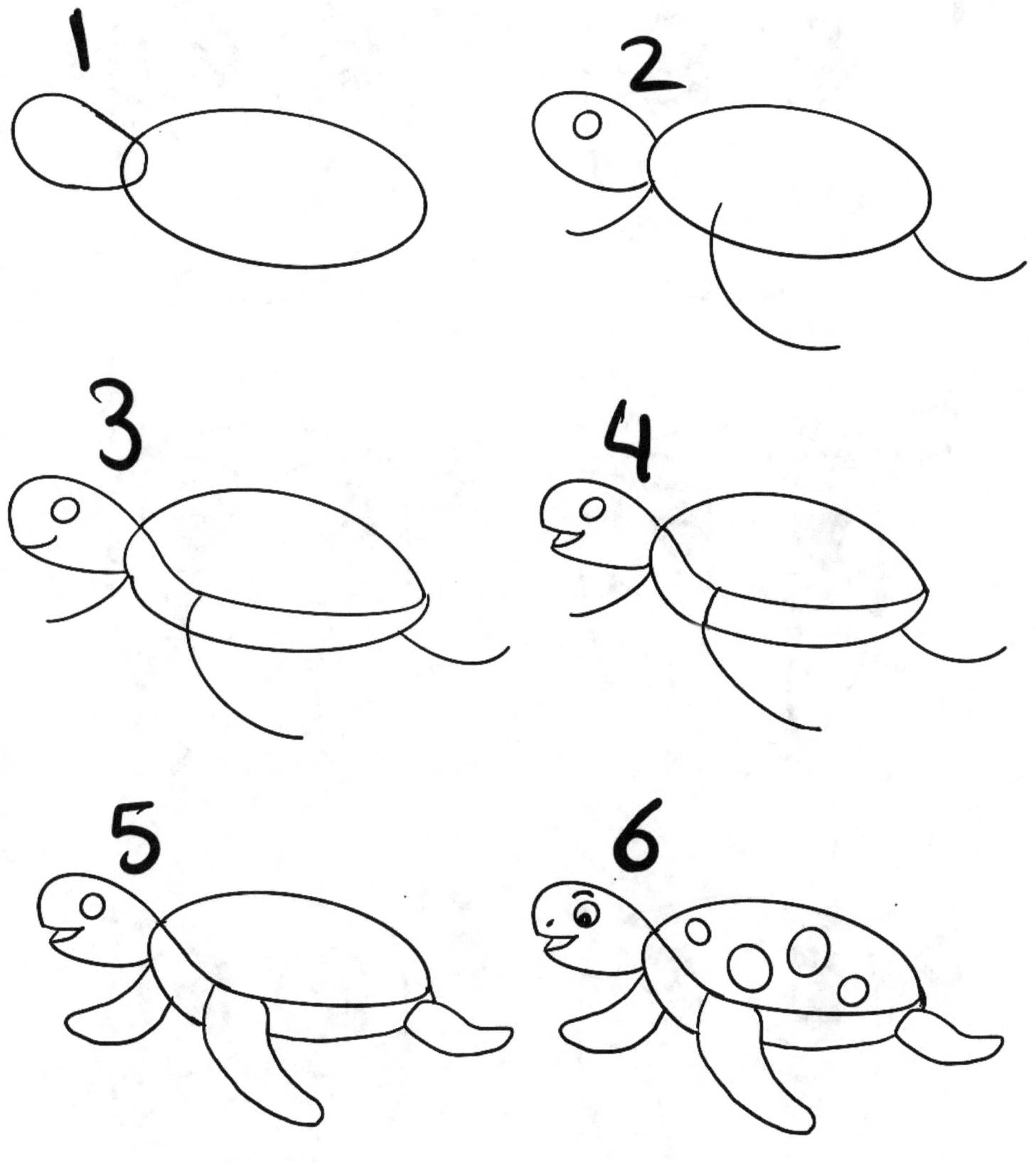

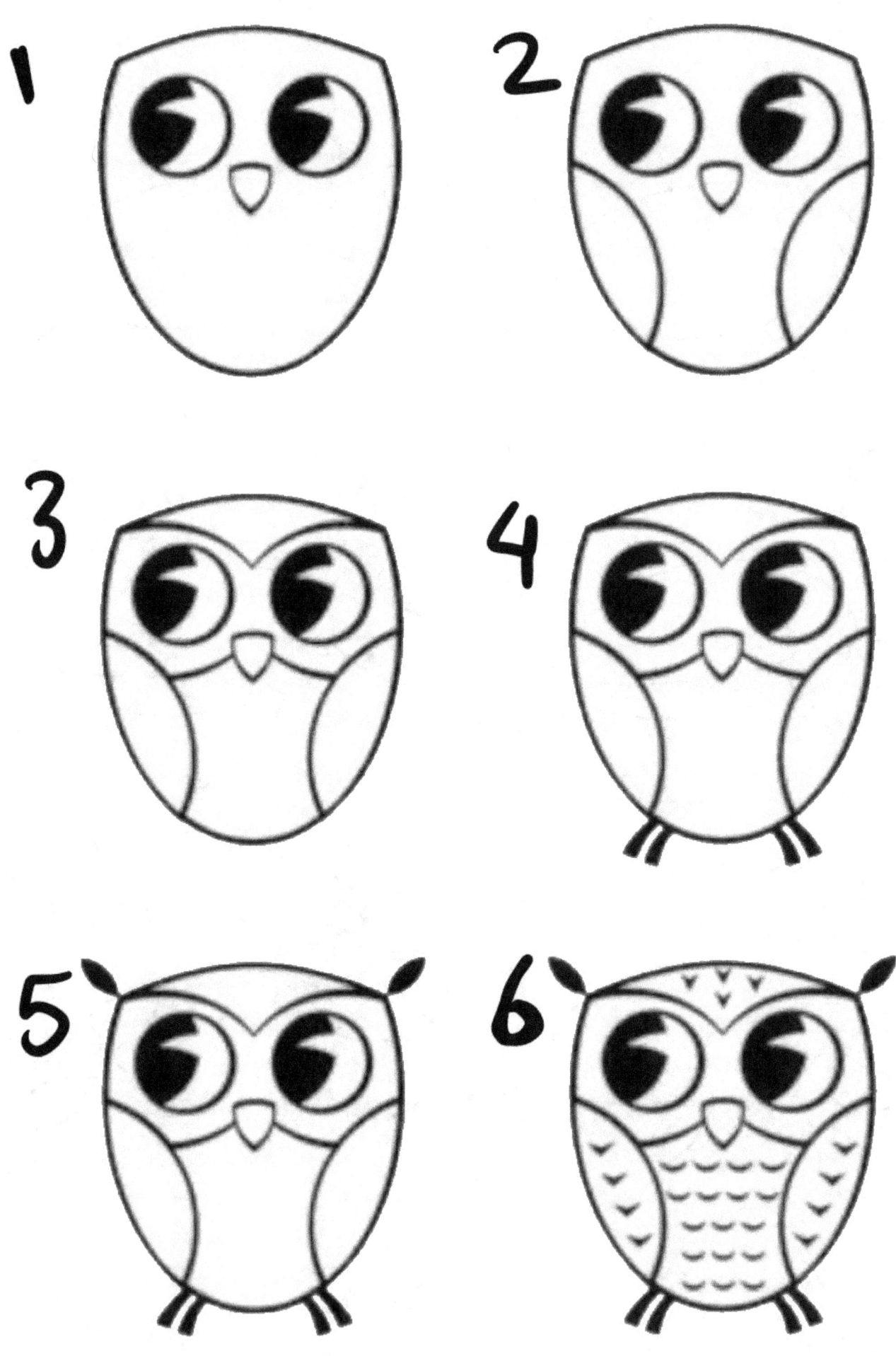

1

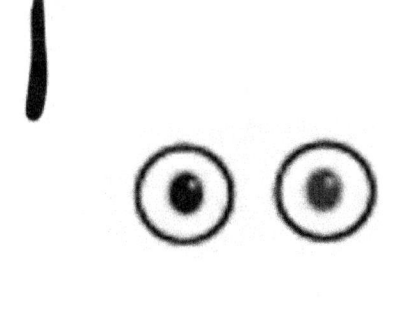

2

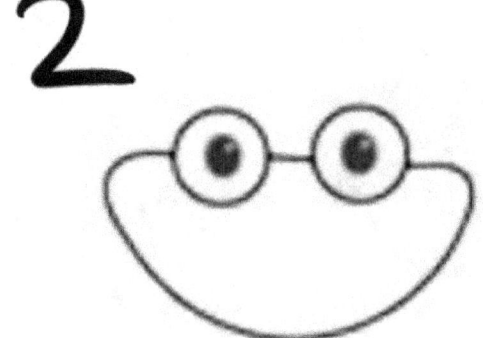

3

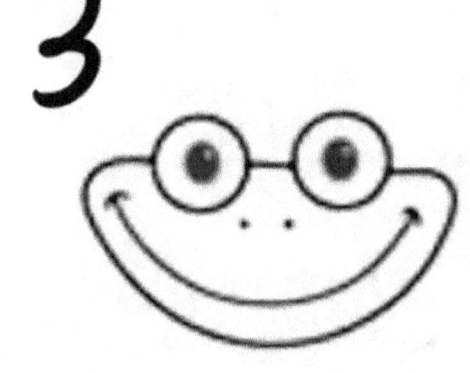

4

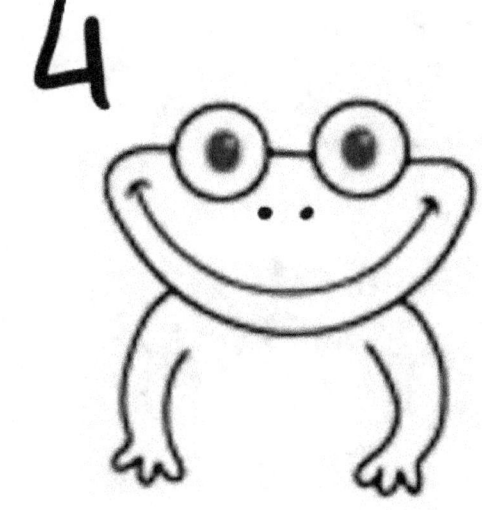

5

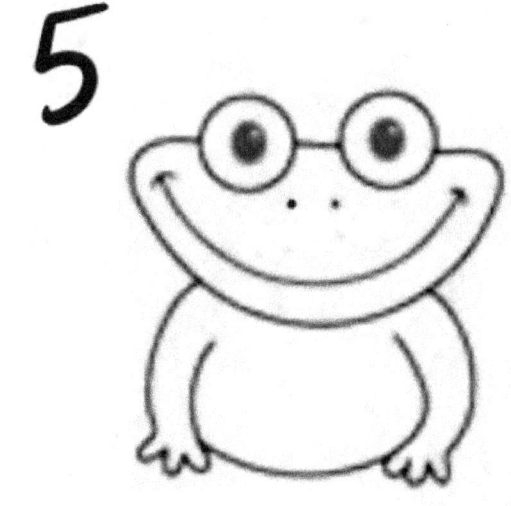

6

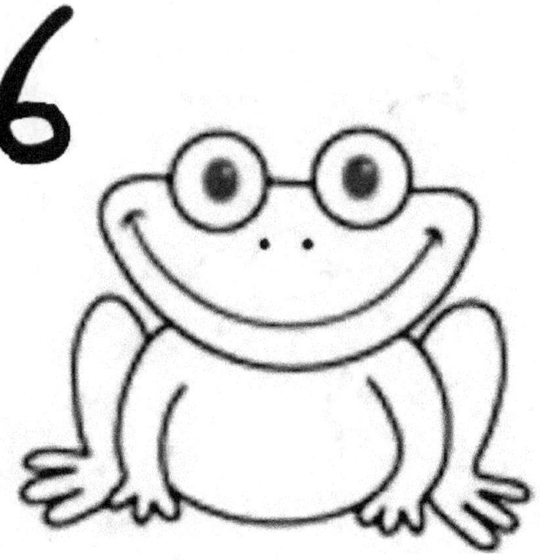

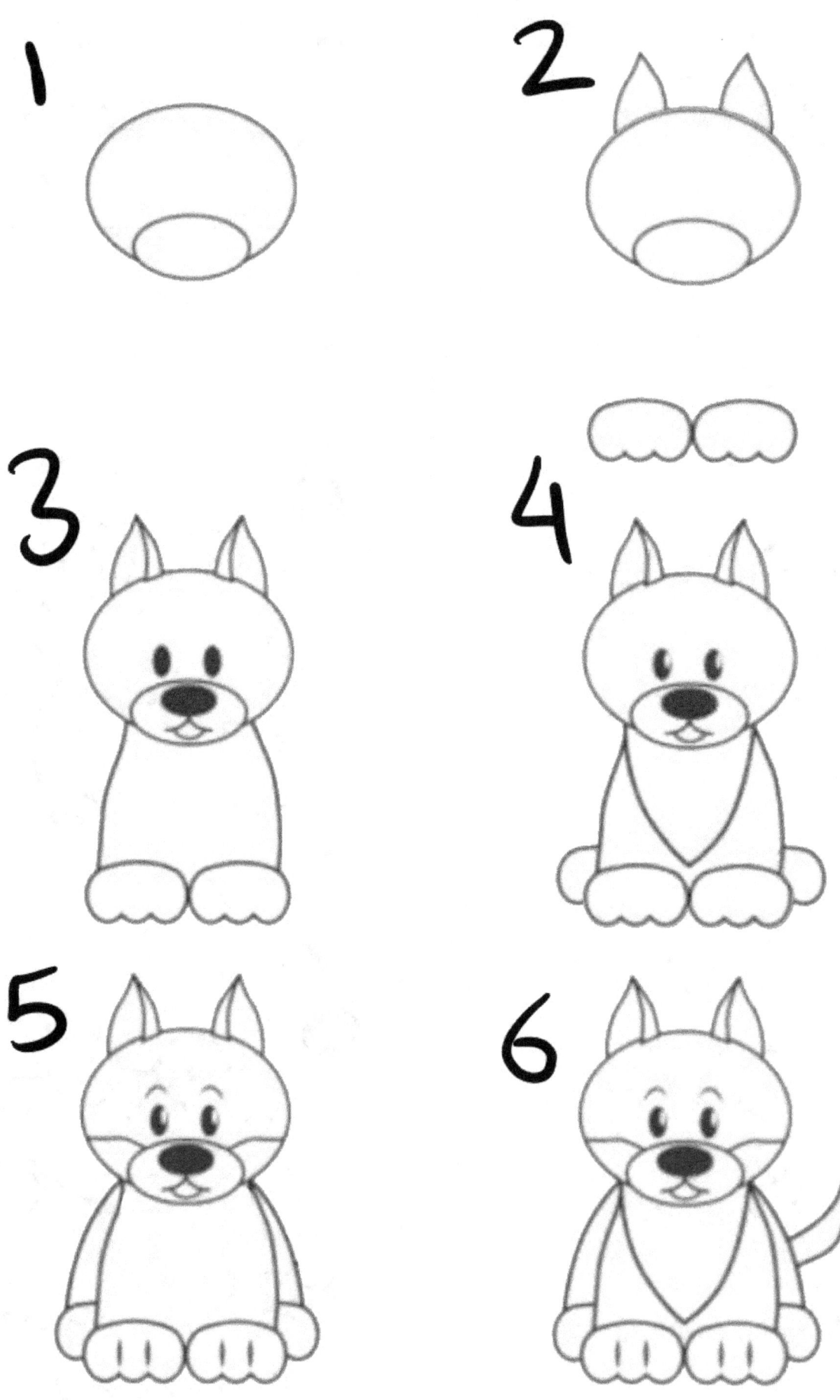

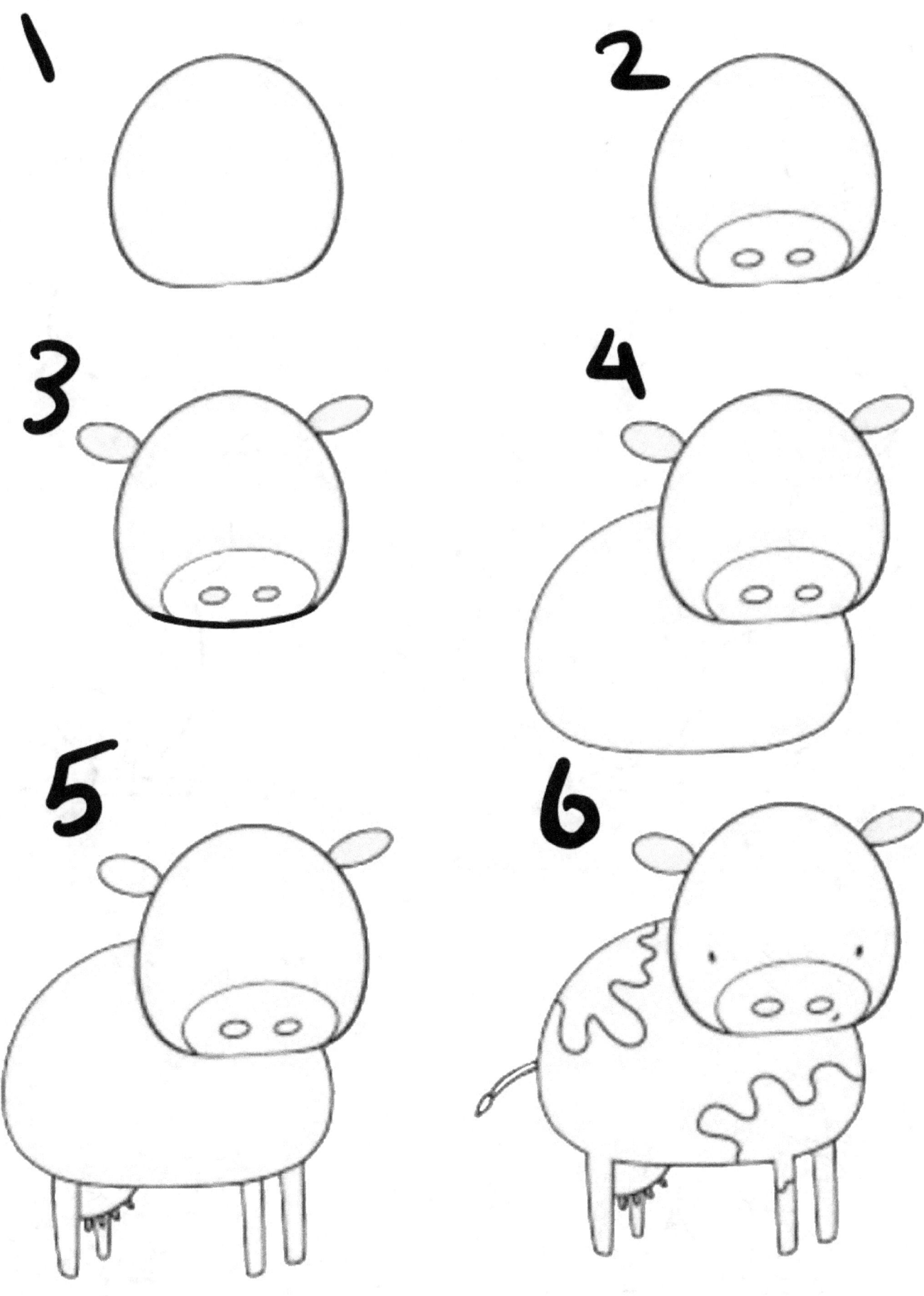

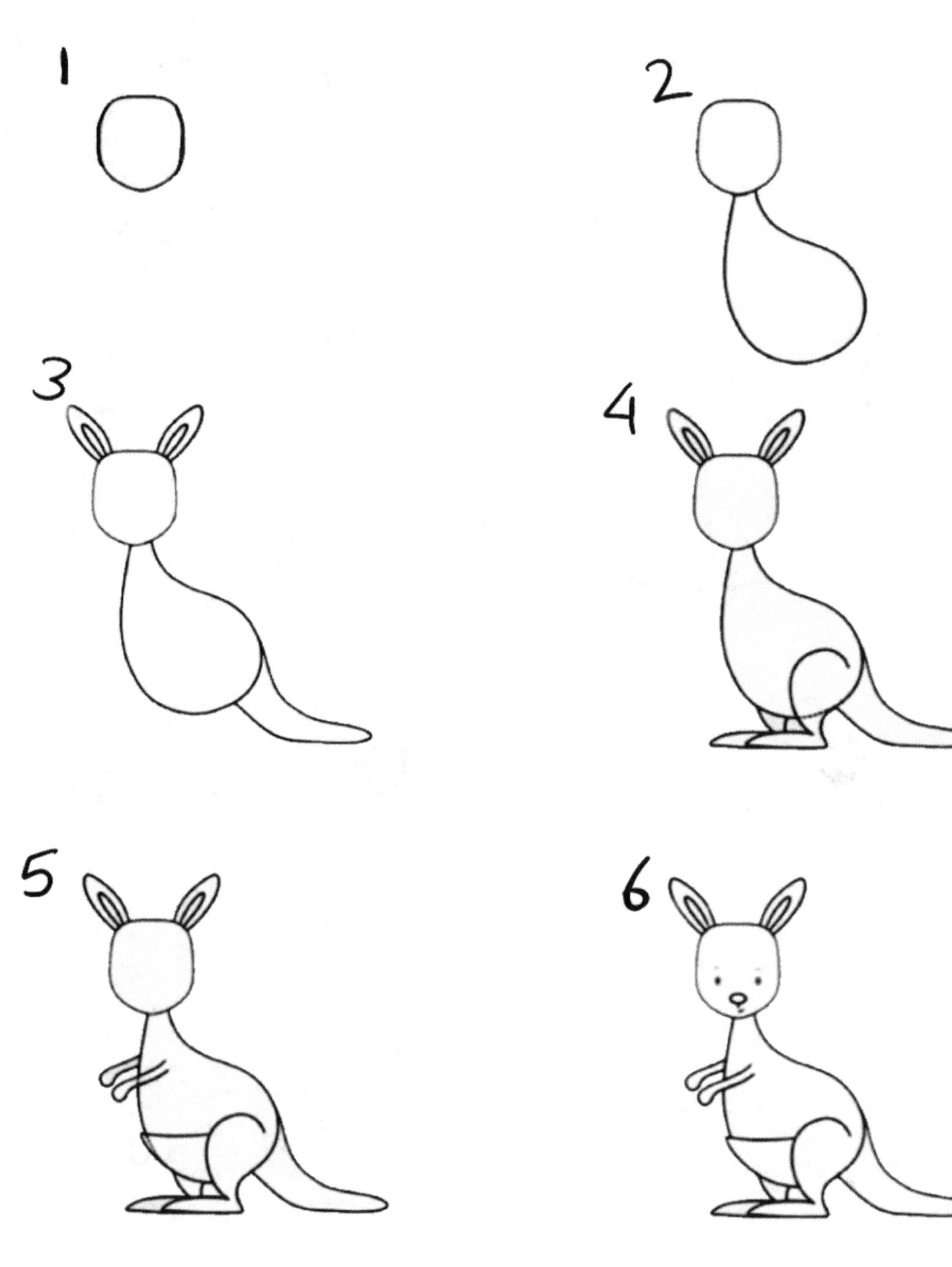

1

2

3

4

5

6

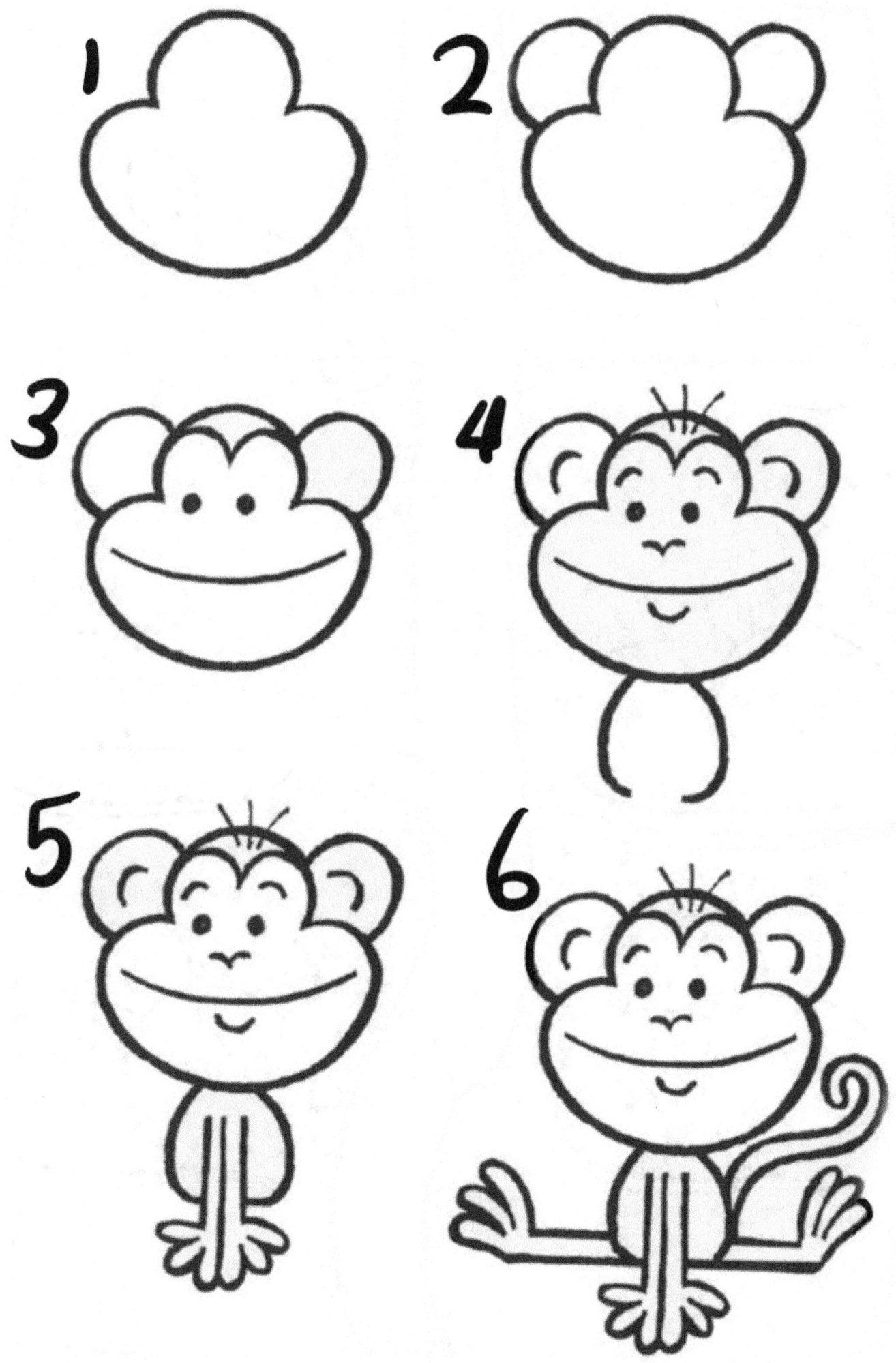

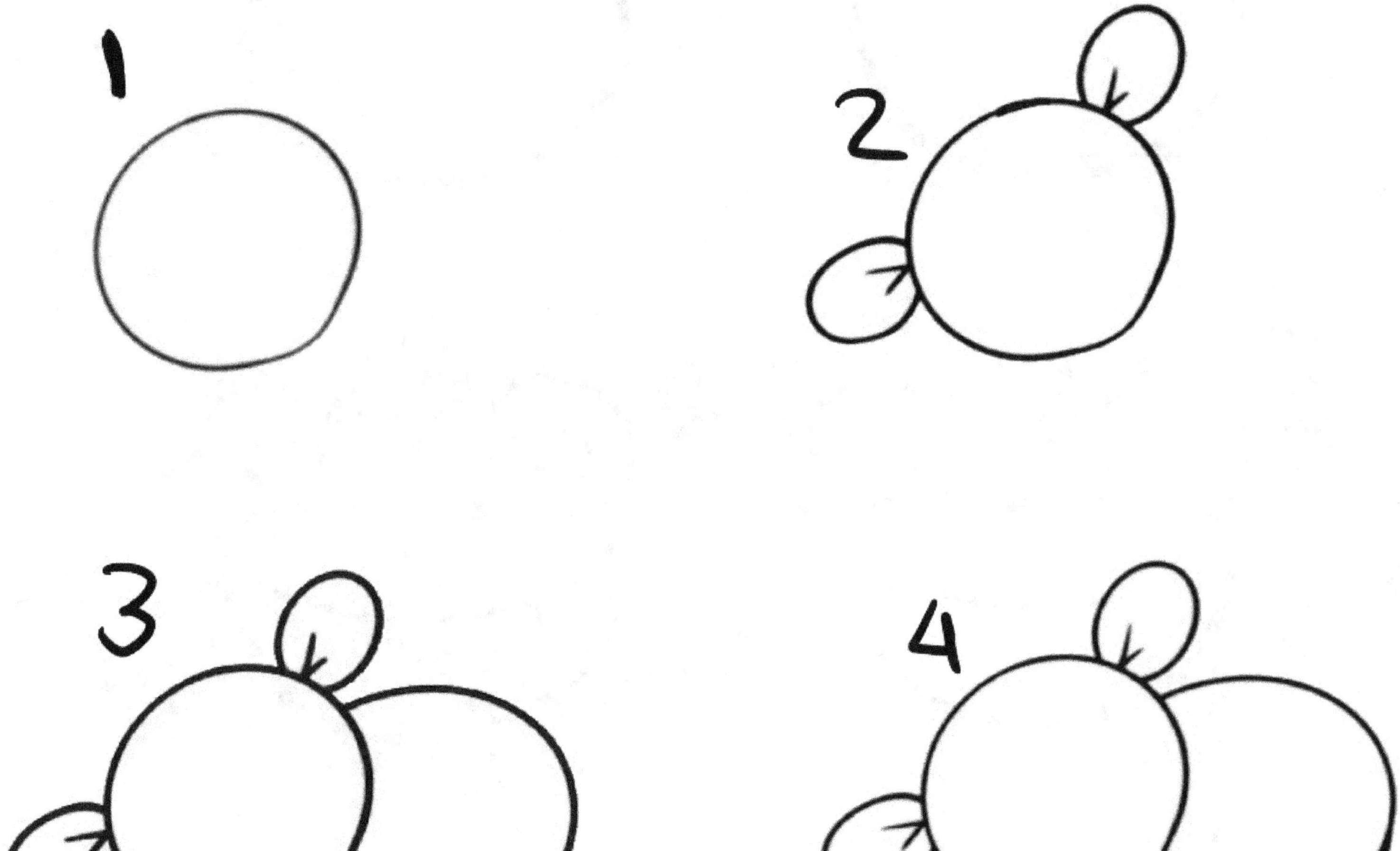

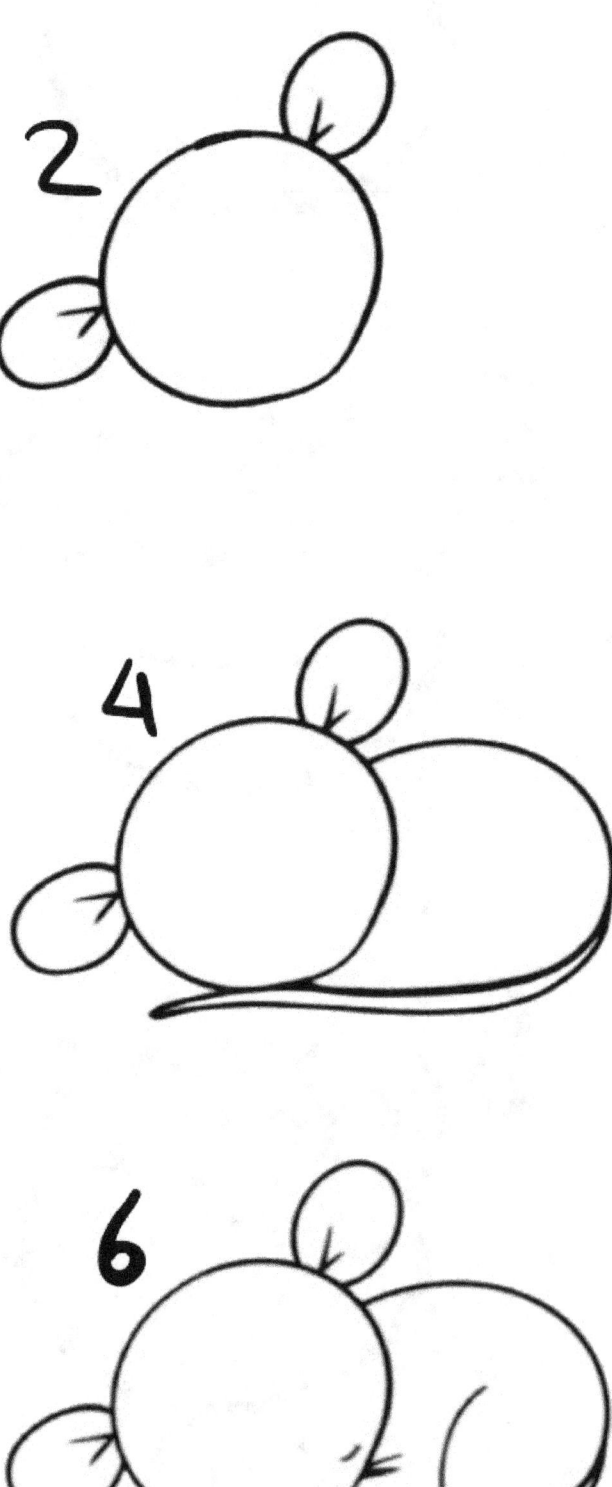

1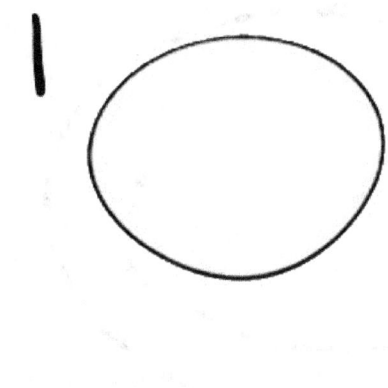

2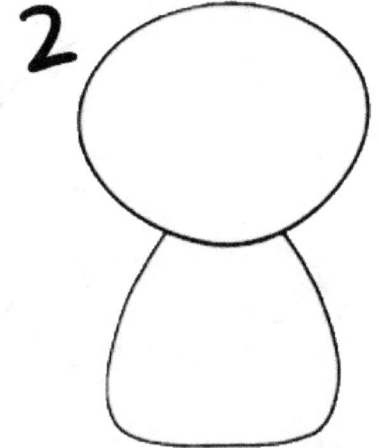

3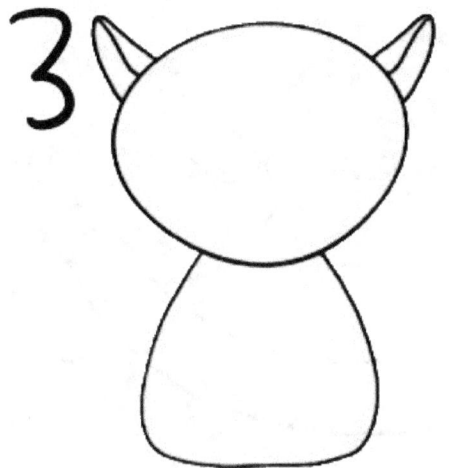

4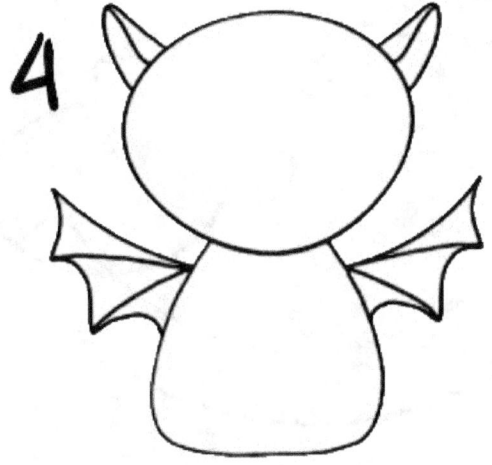

5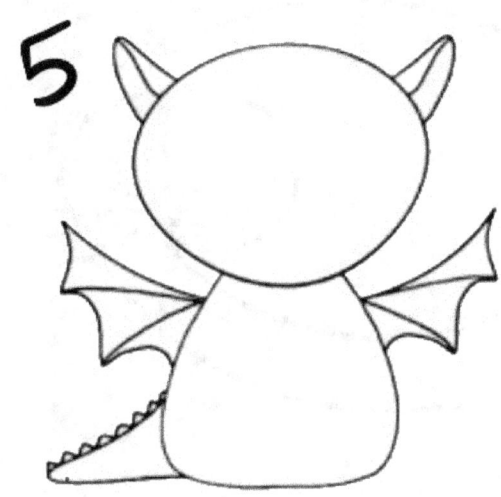

6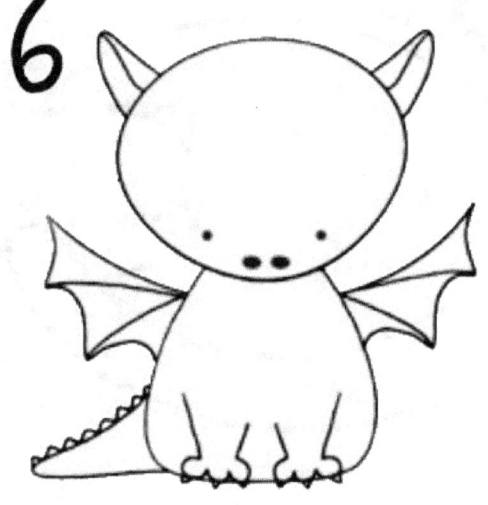

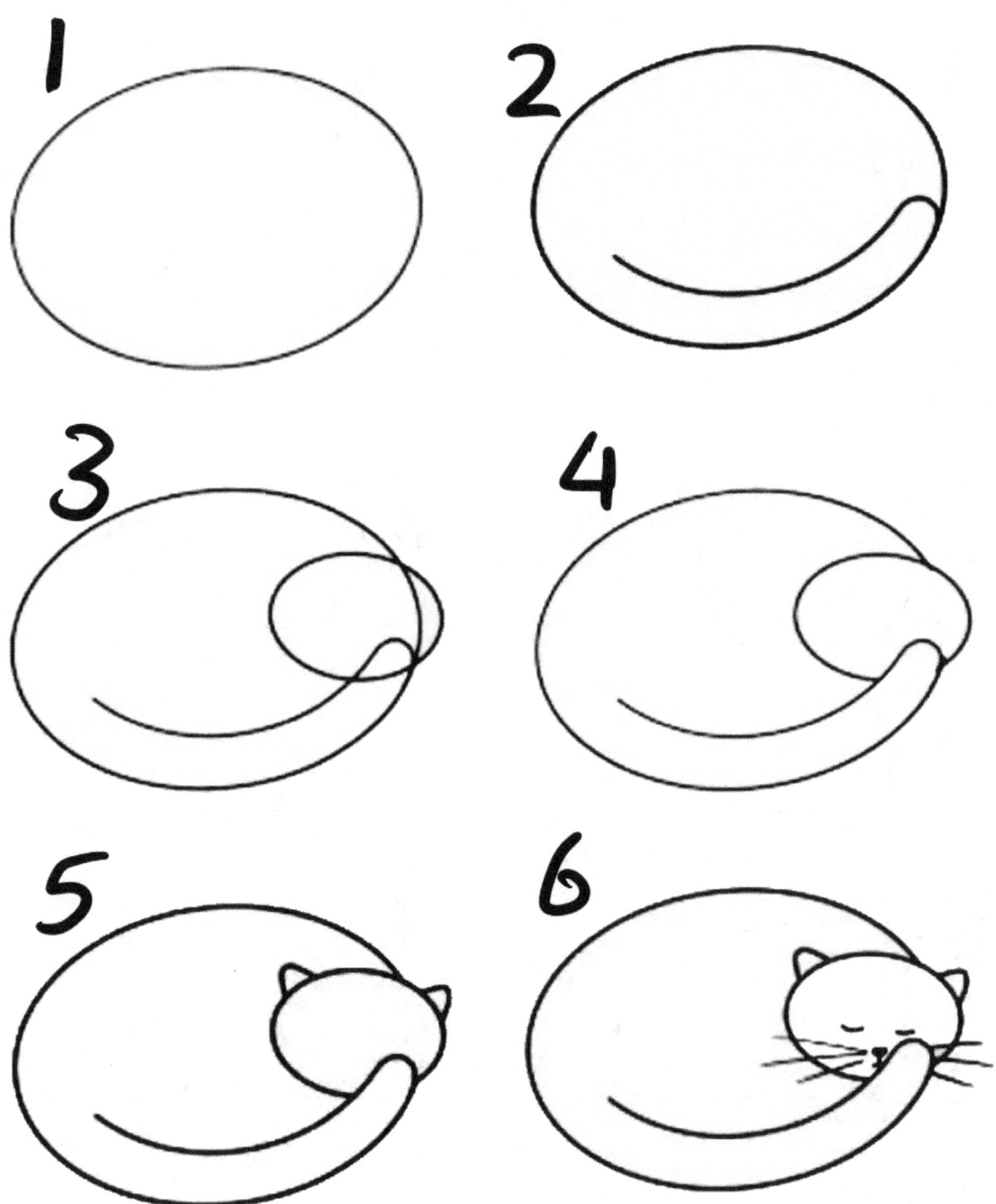

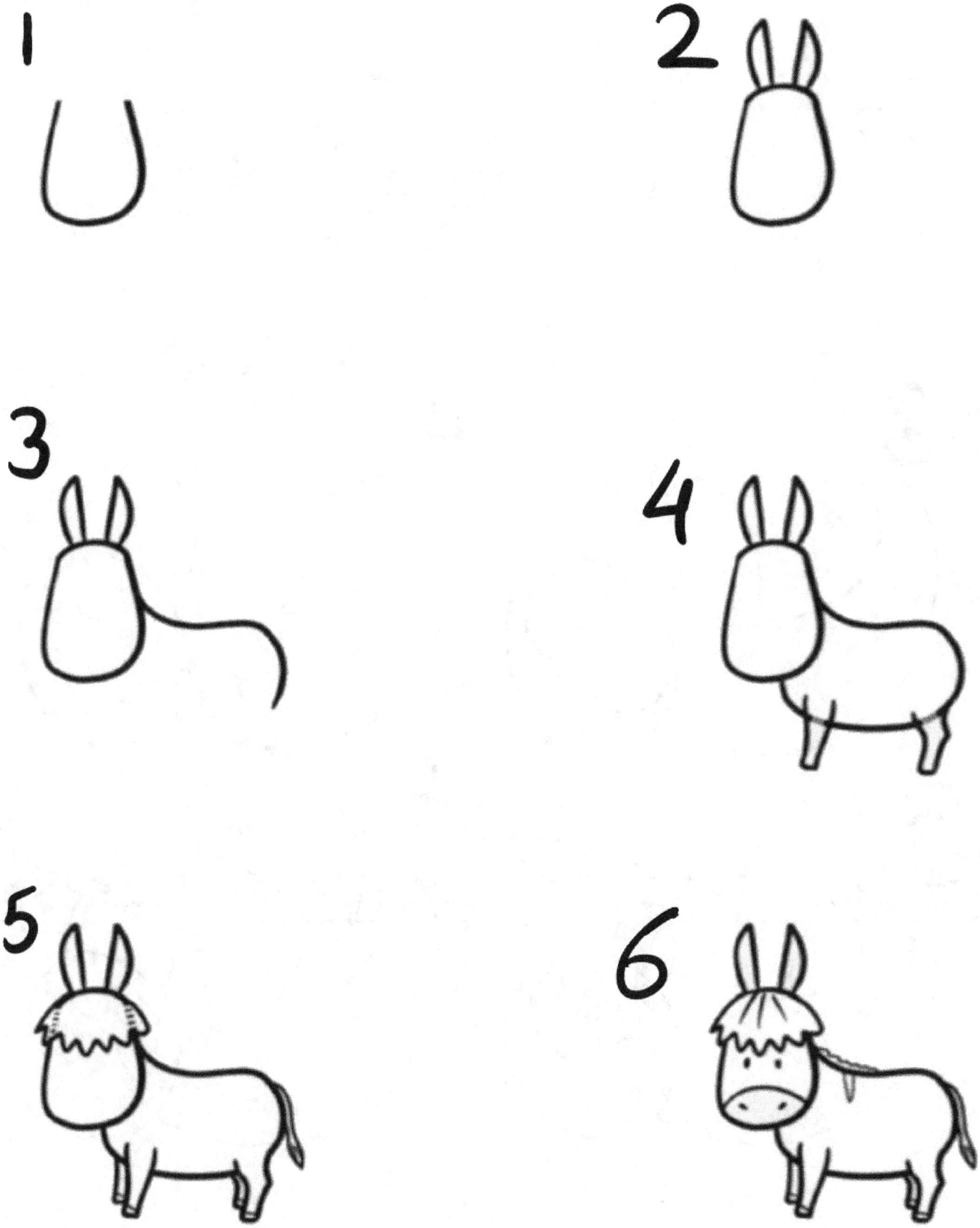

1

2

3

4

5

6
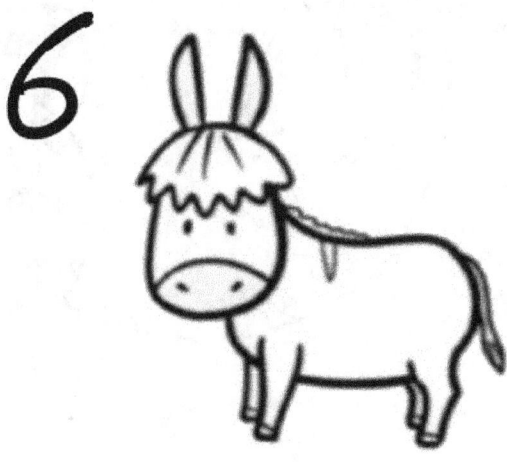

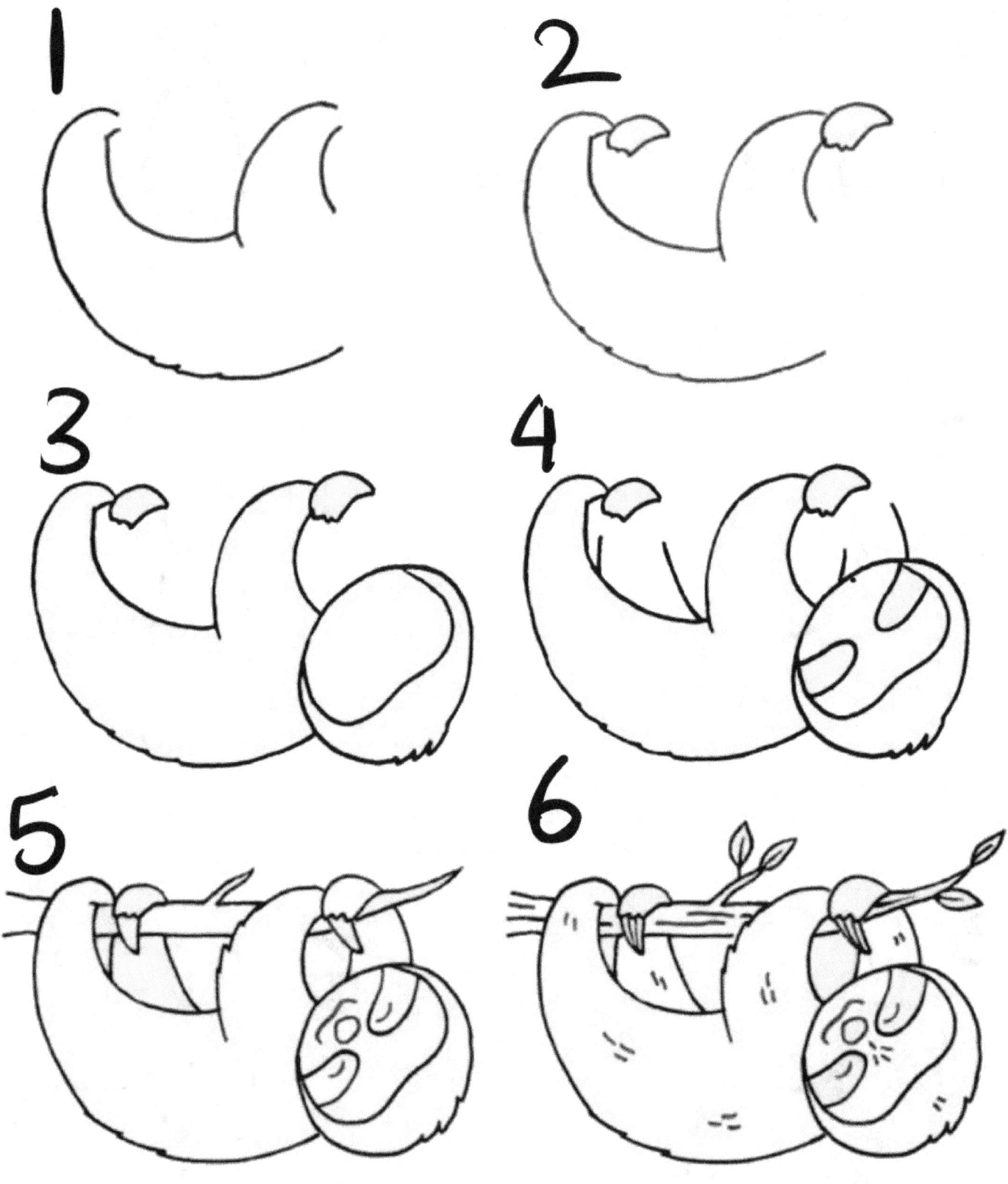

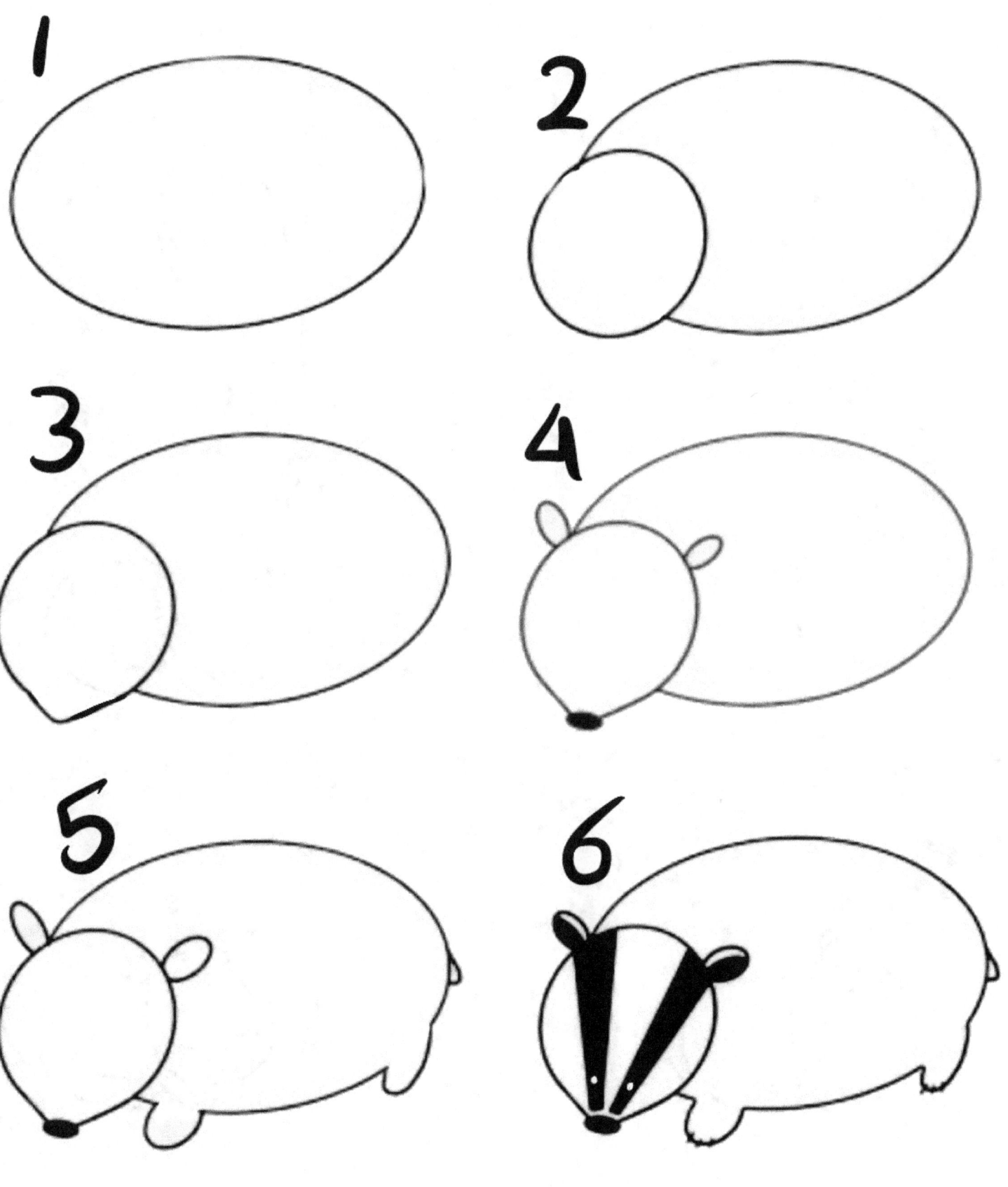

1

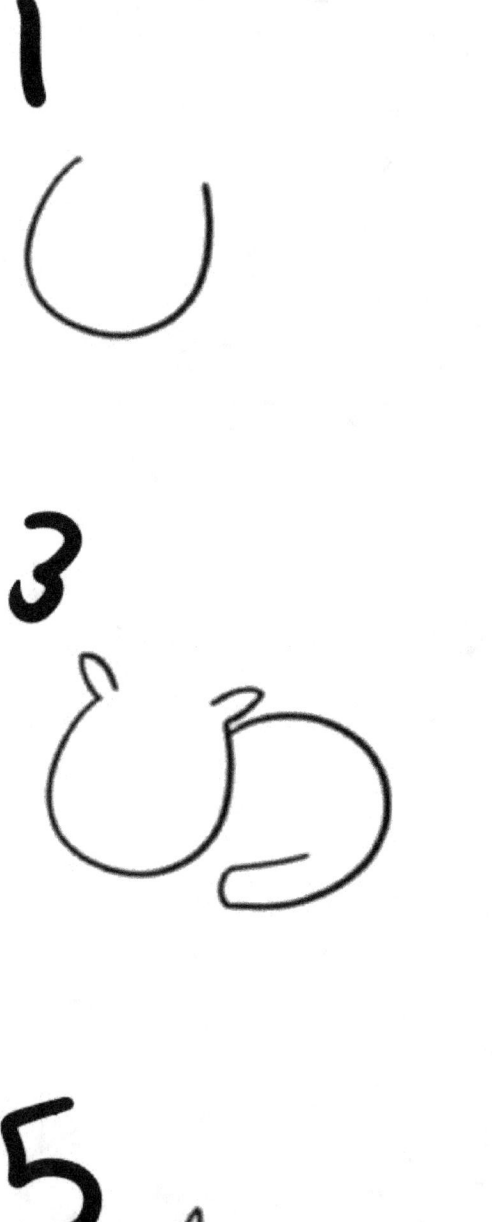

2

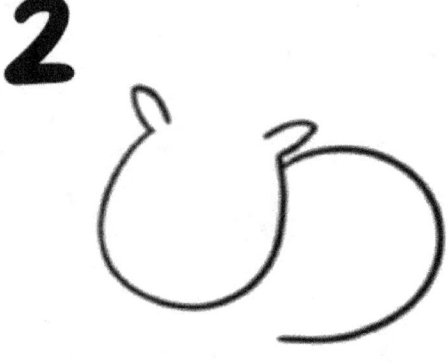

3

4

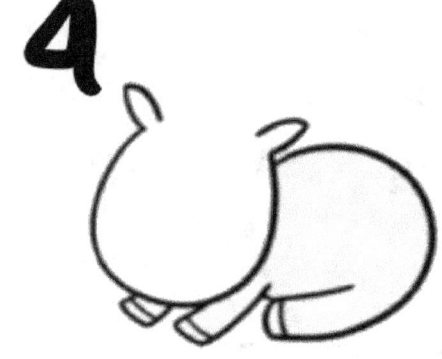

5

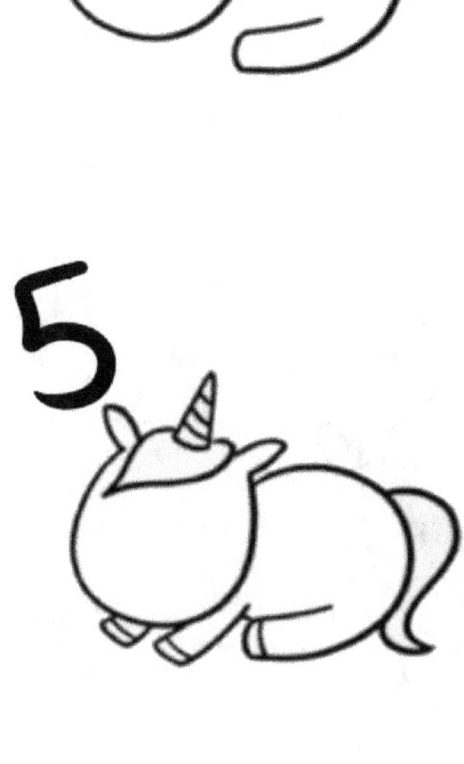

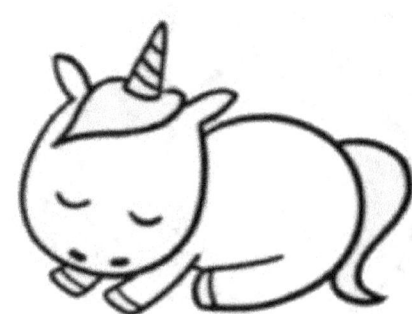

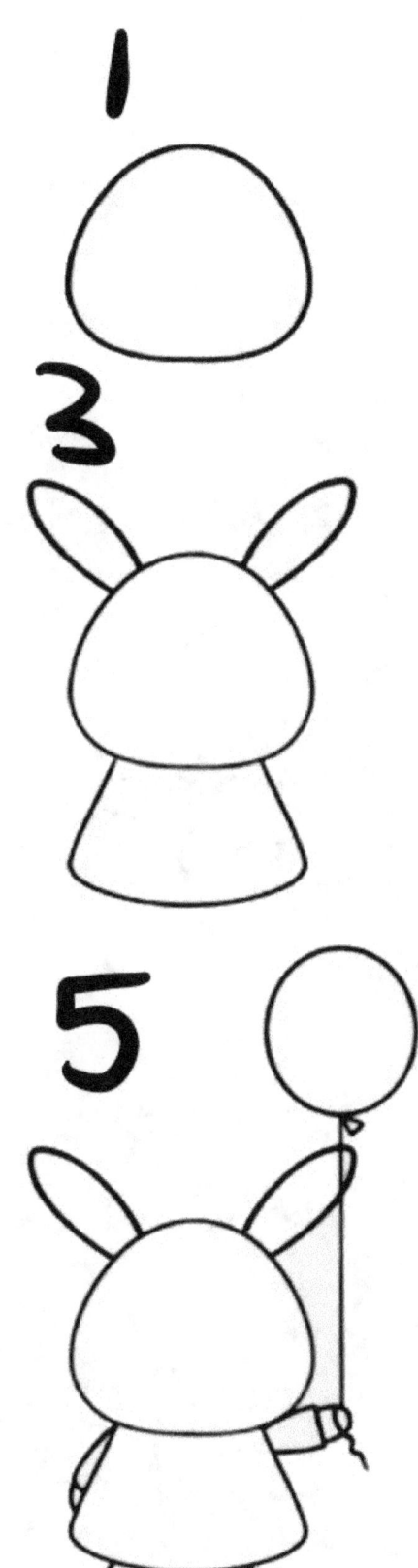
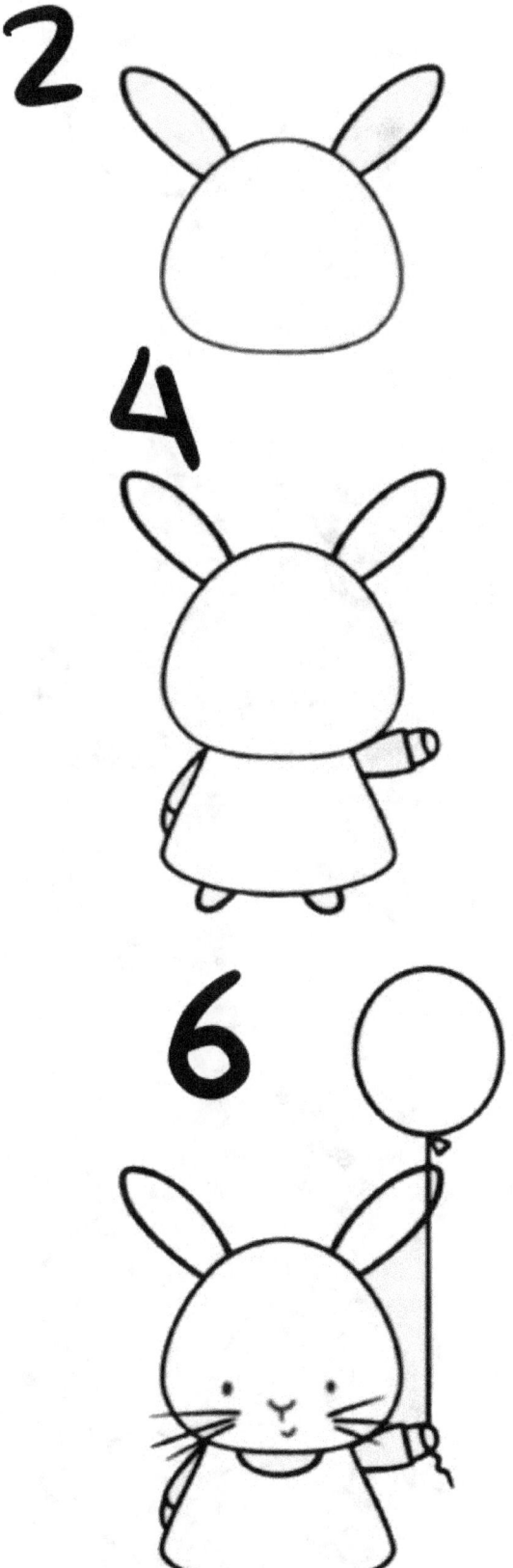

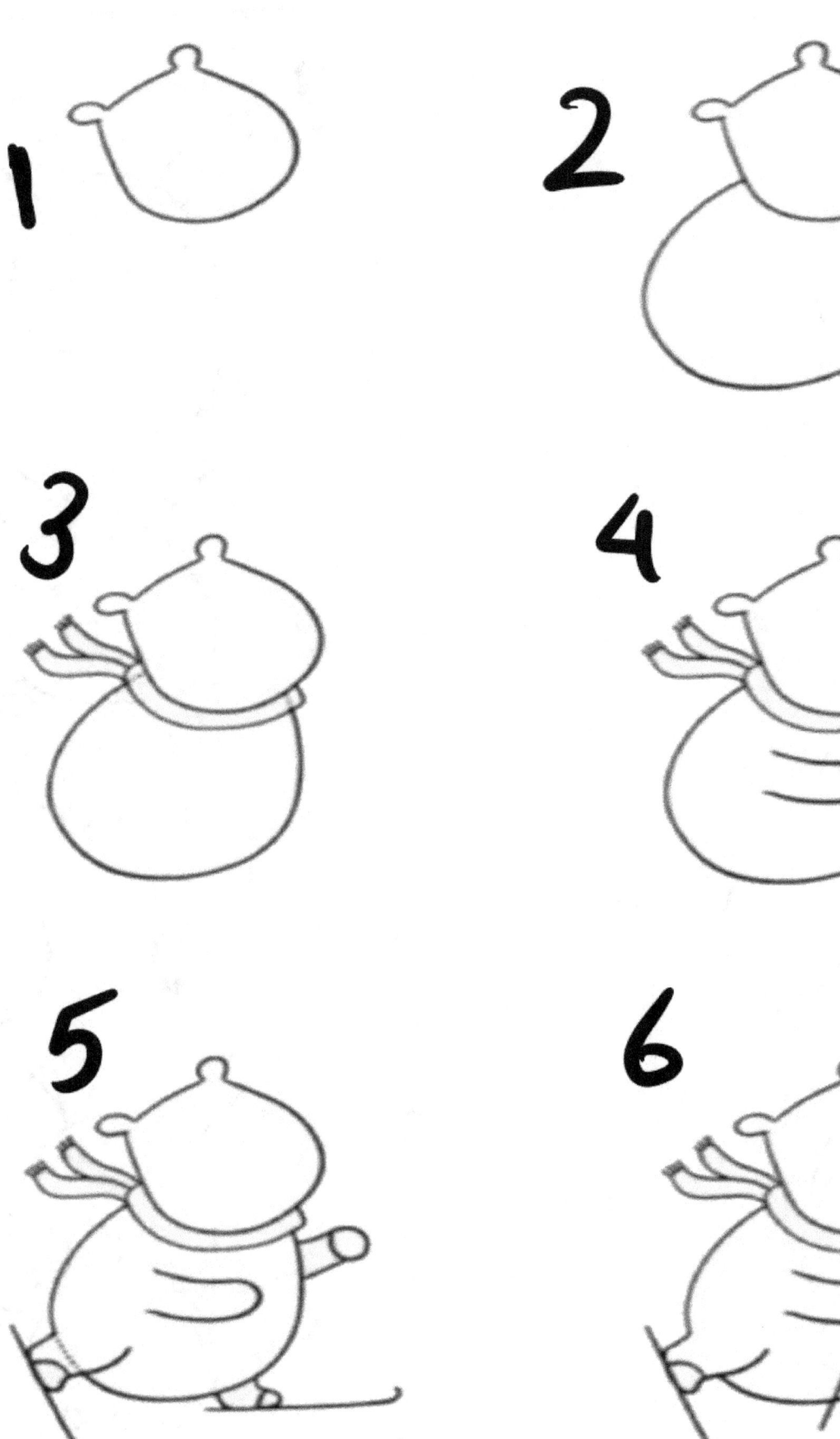

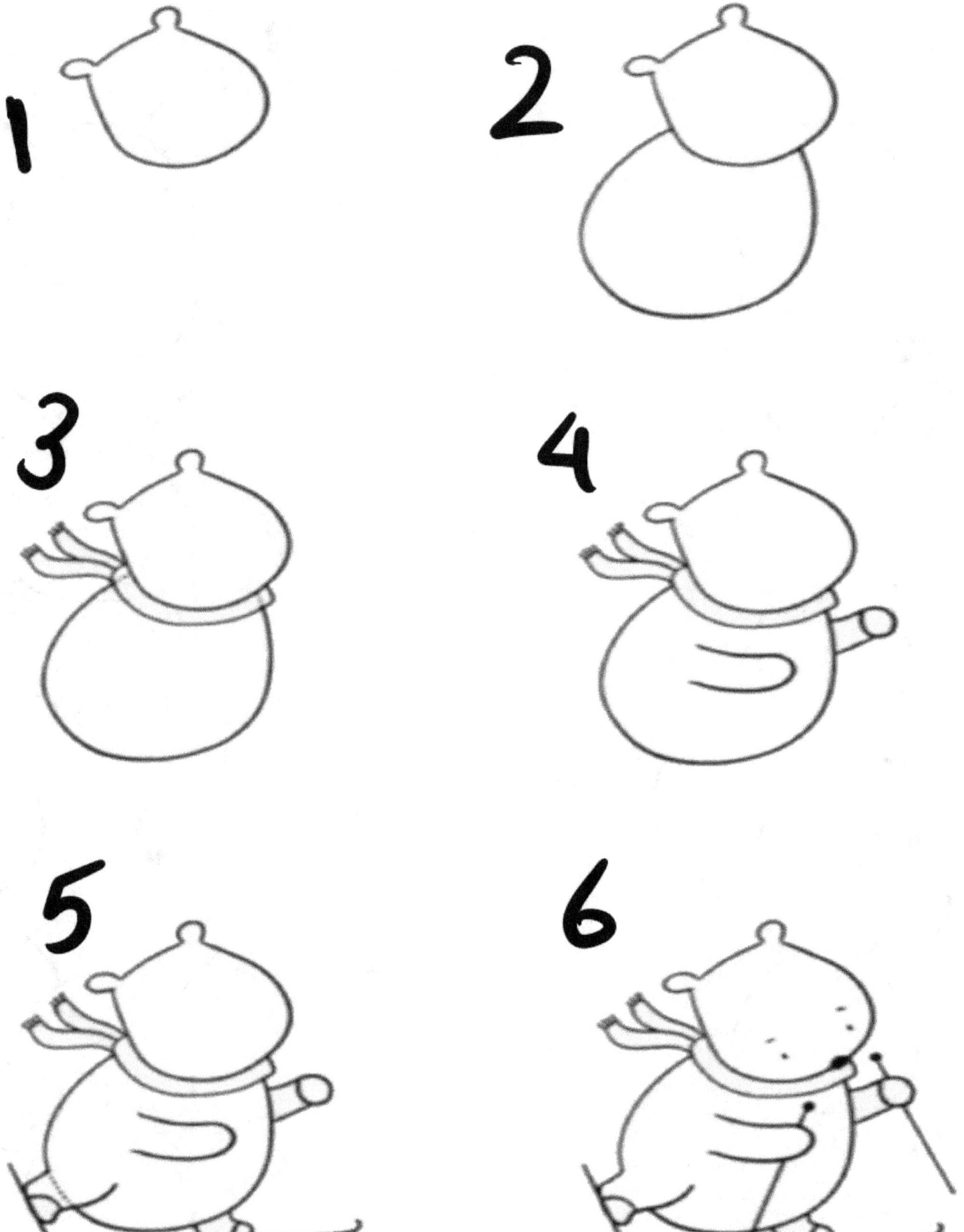

1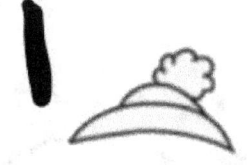

2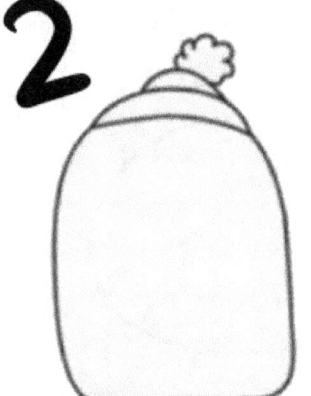

3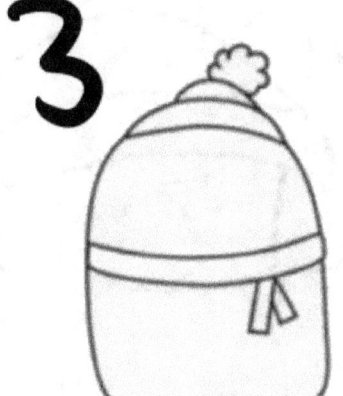

4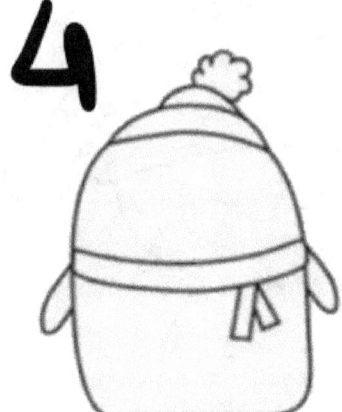

5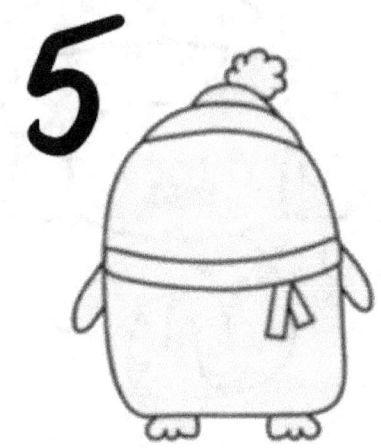

6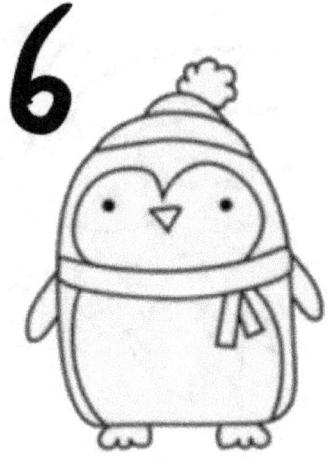

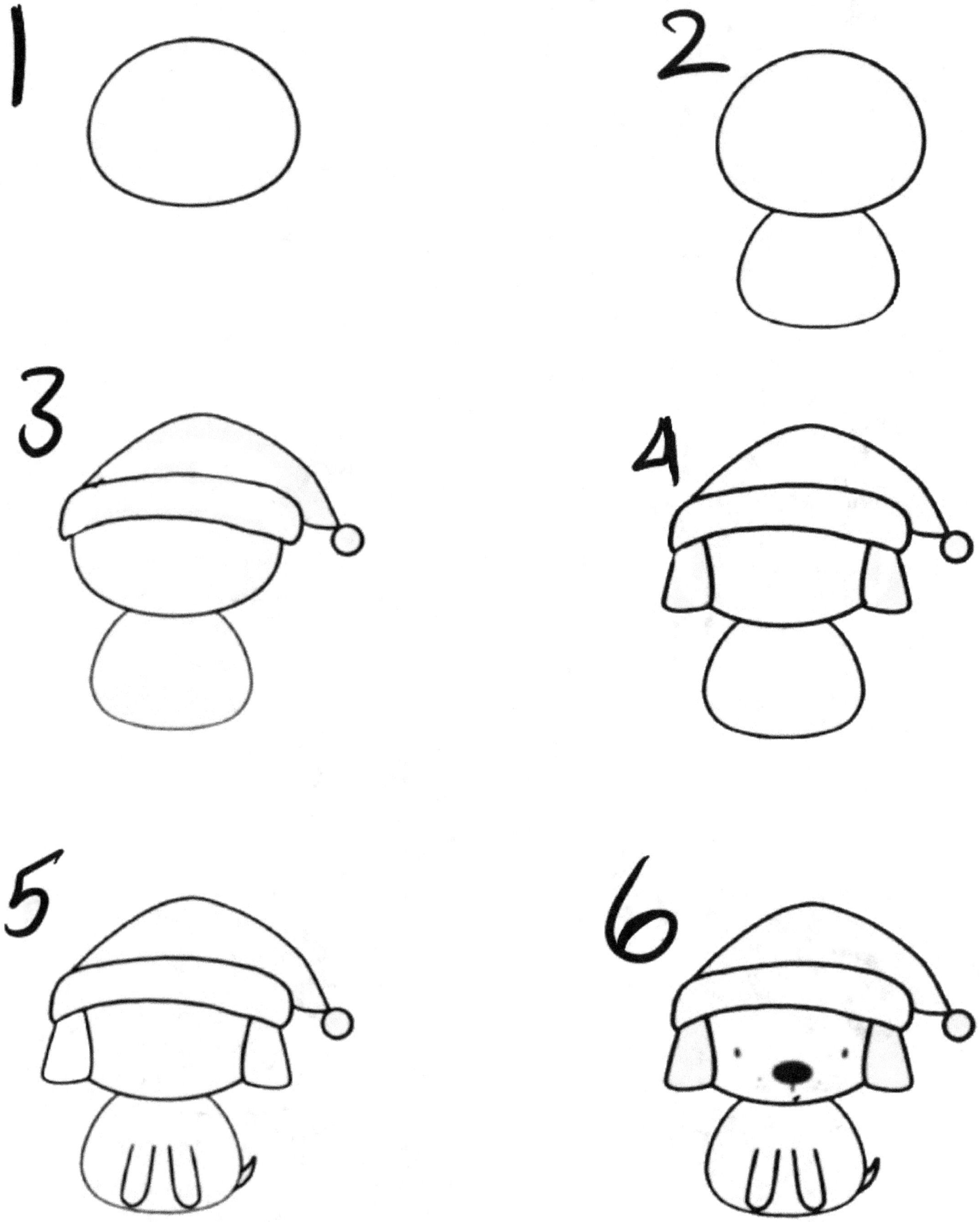

1

2

3

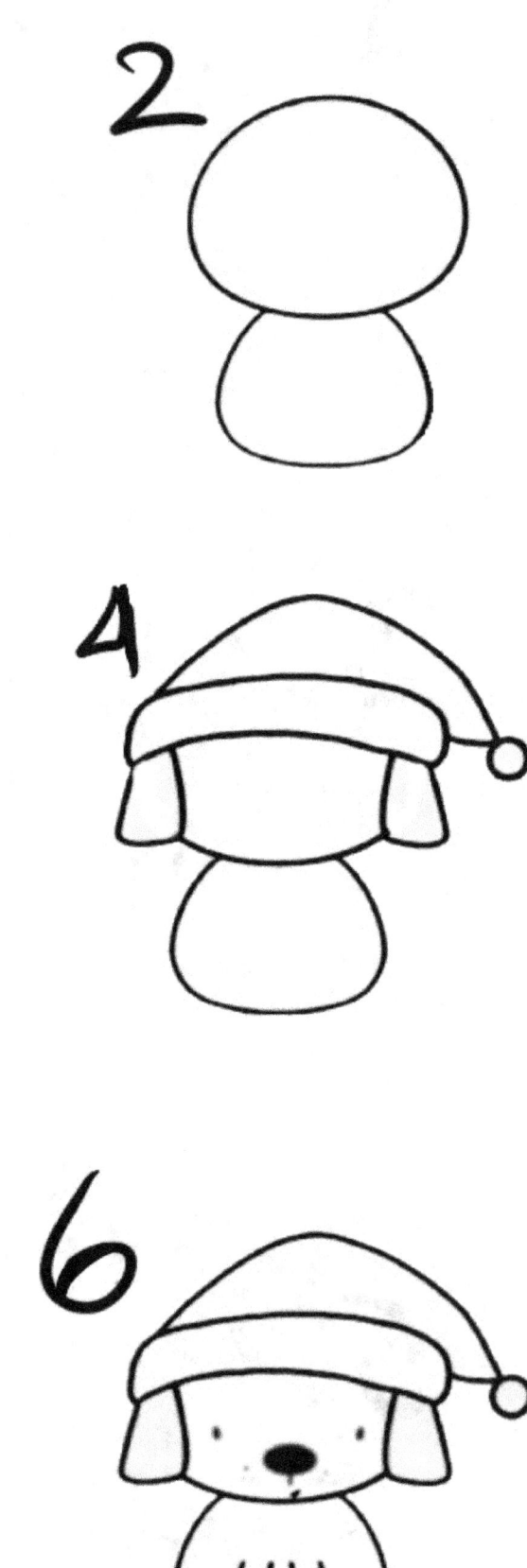

4

5

6

1

2

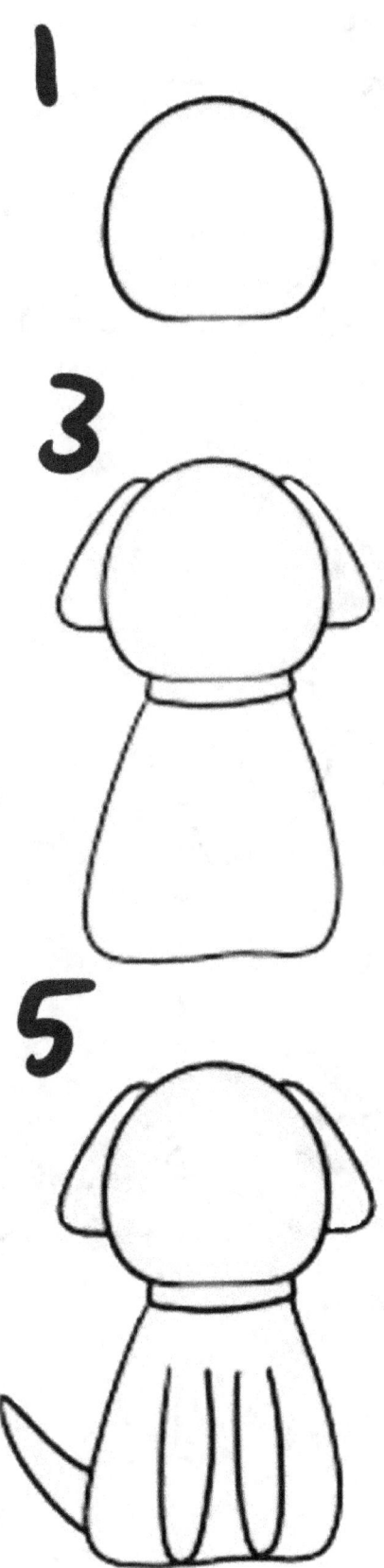

3

4

5

6

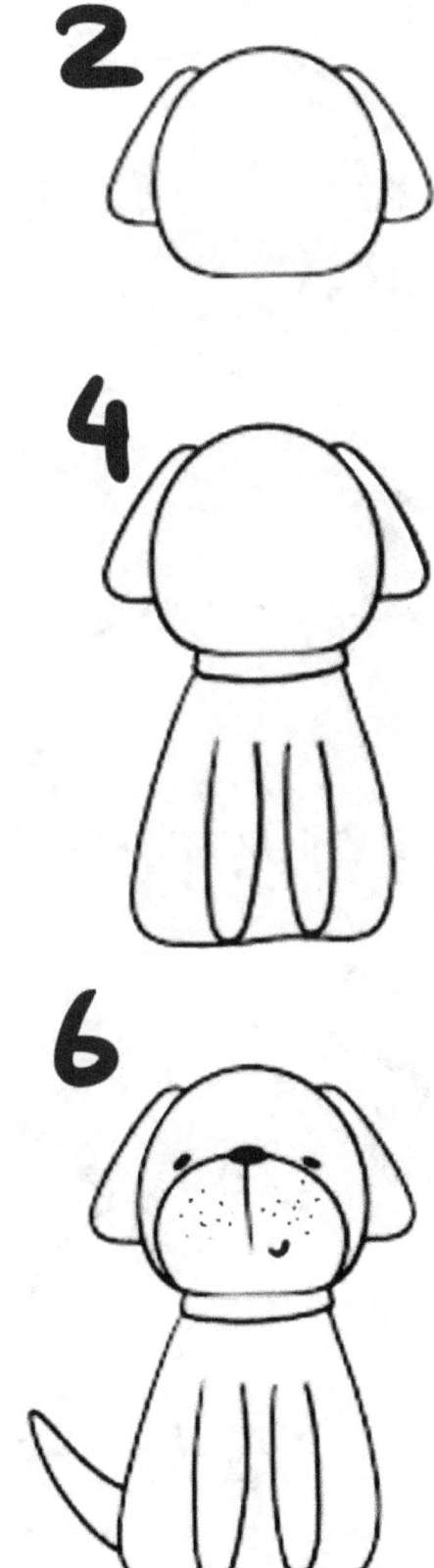

1

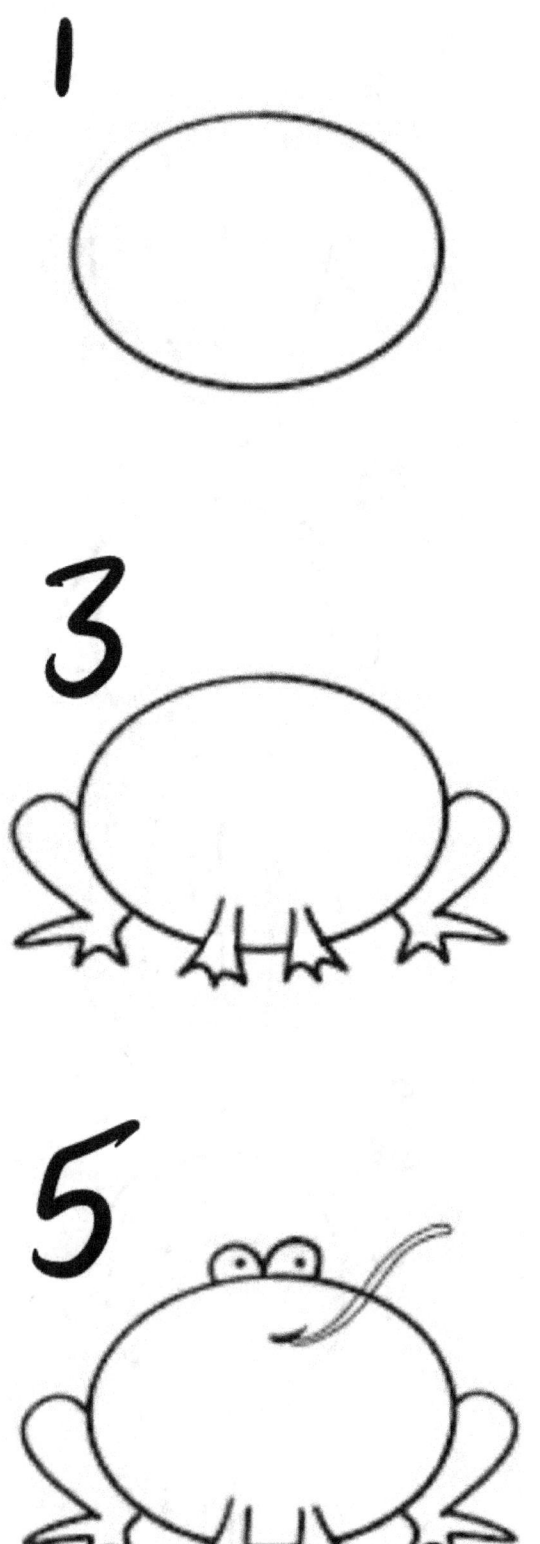

2

3

4

5

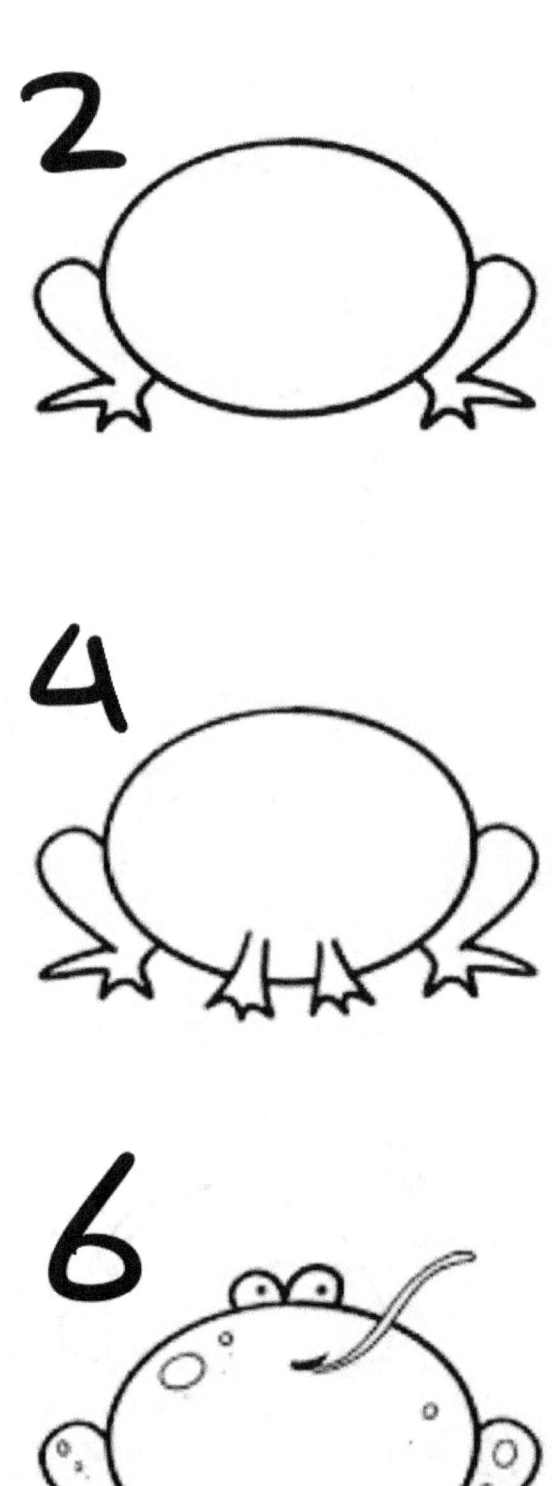

6

1

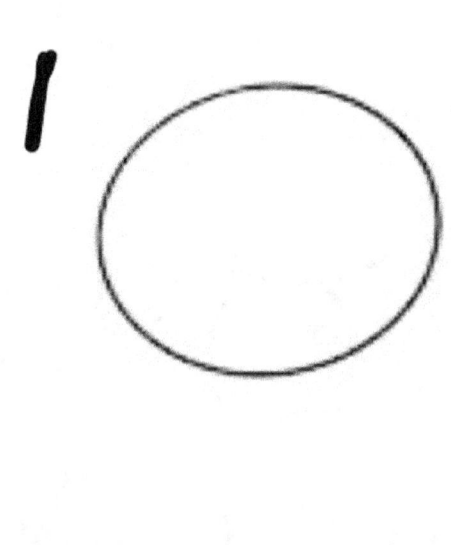

2

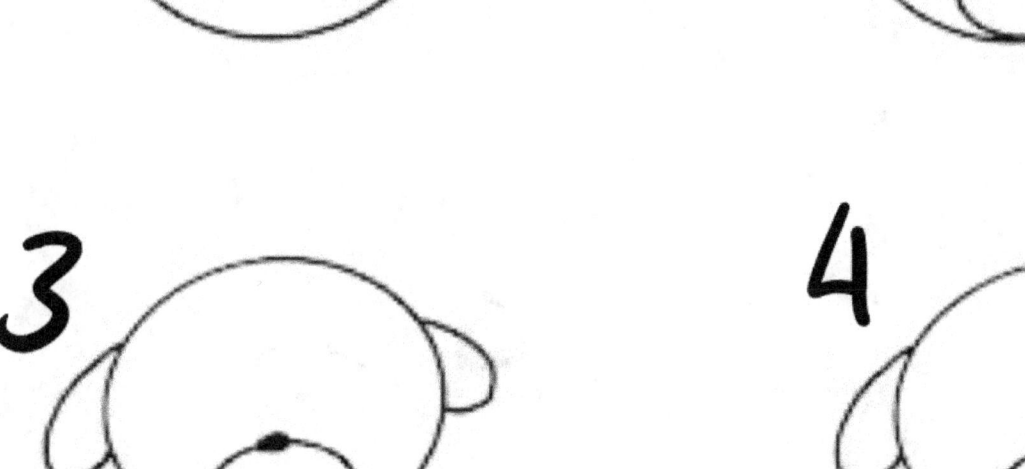

3

4

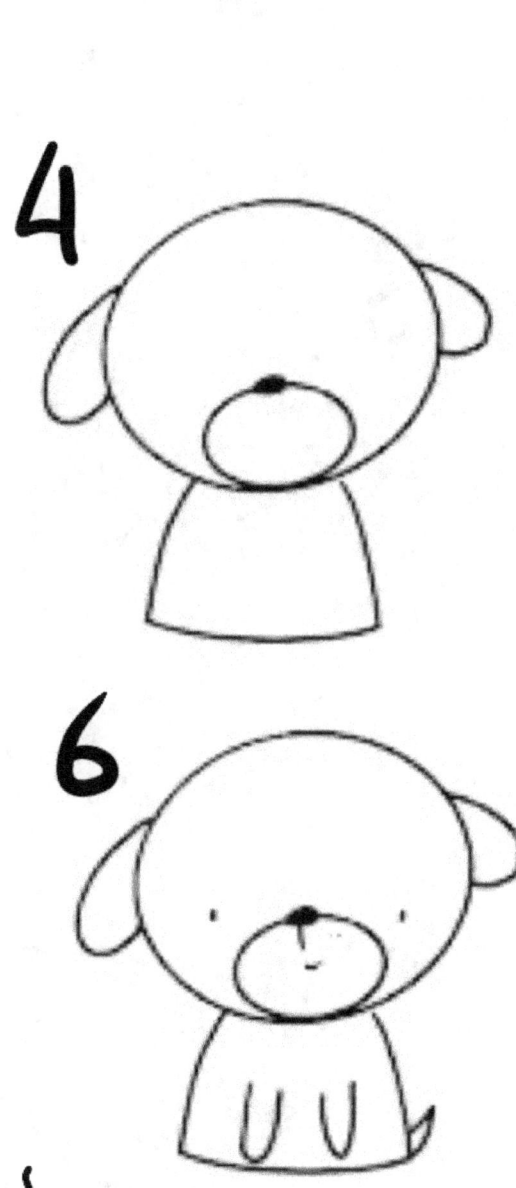

5

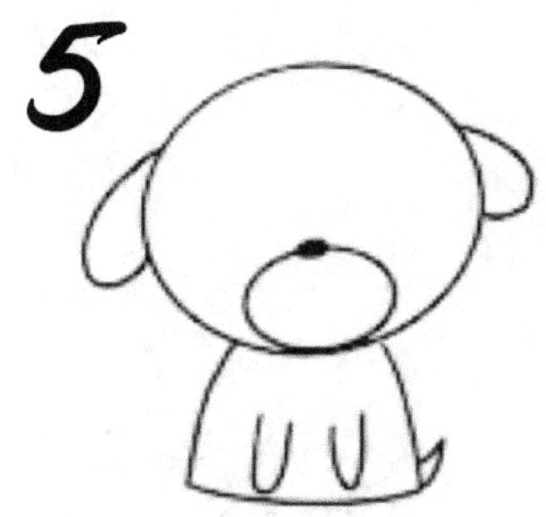

6

1

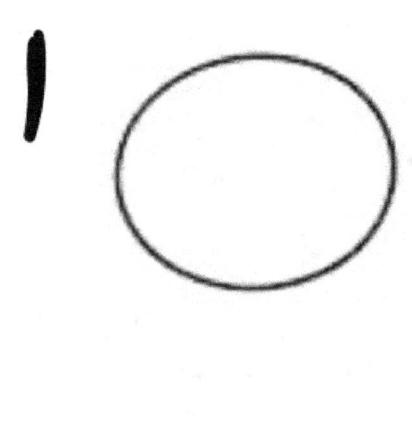

2

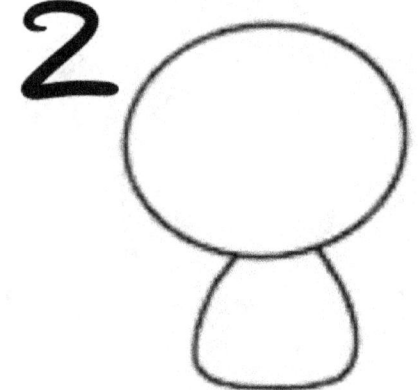

3

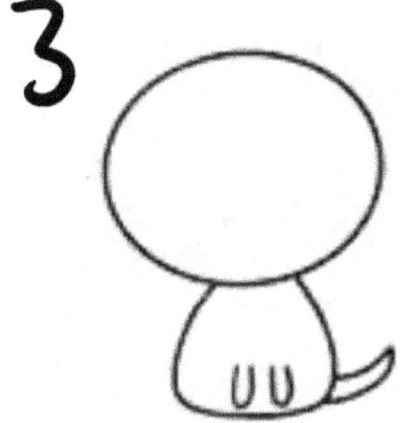

4

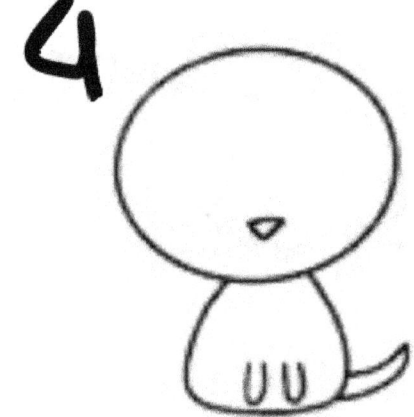

5

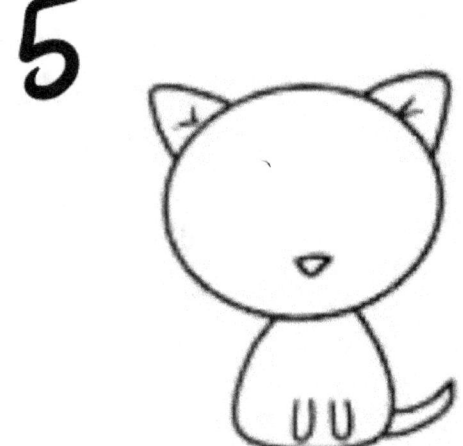

6

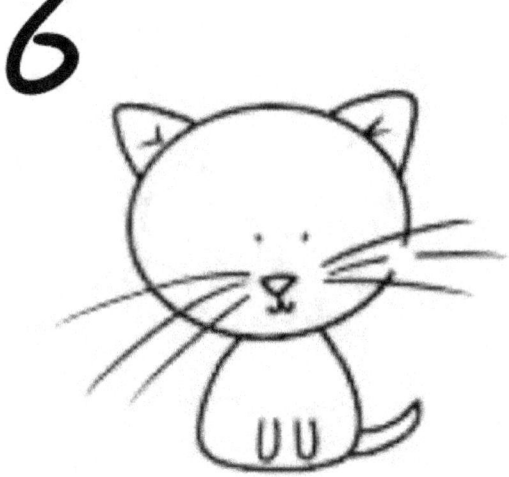

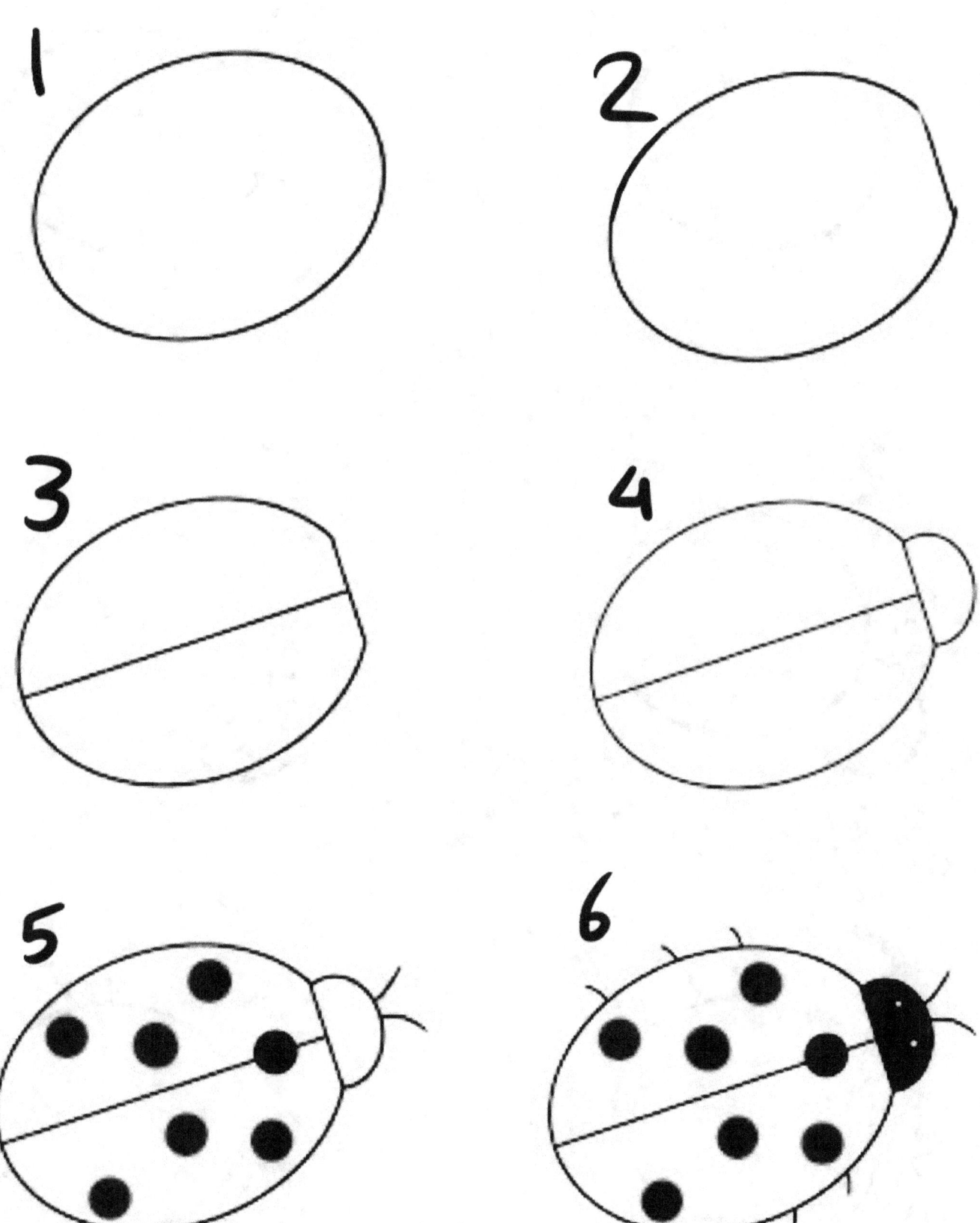

1

2

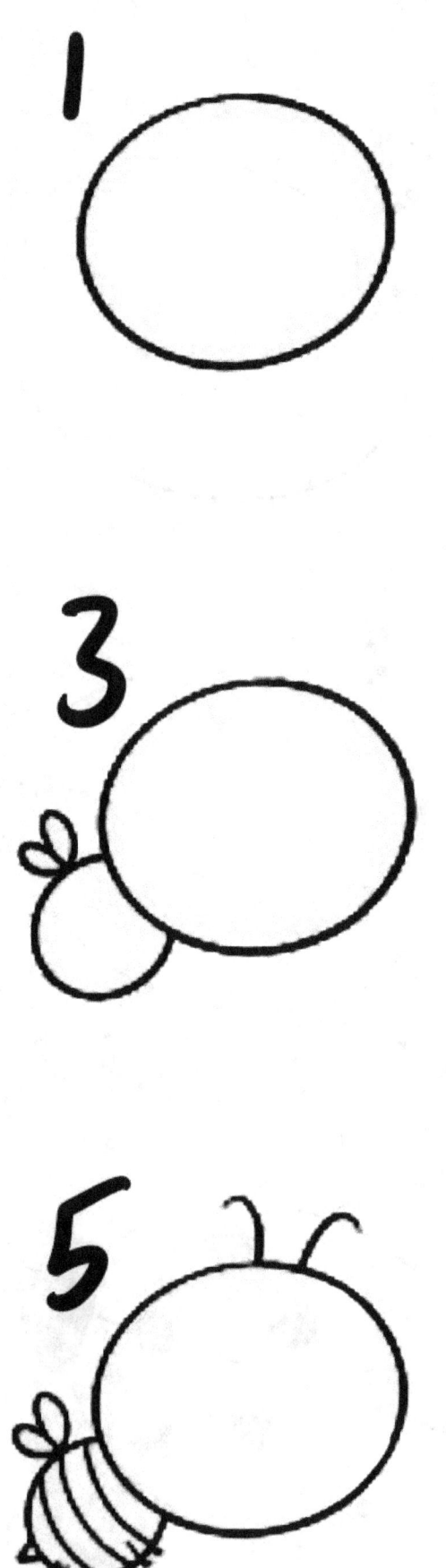

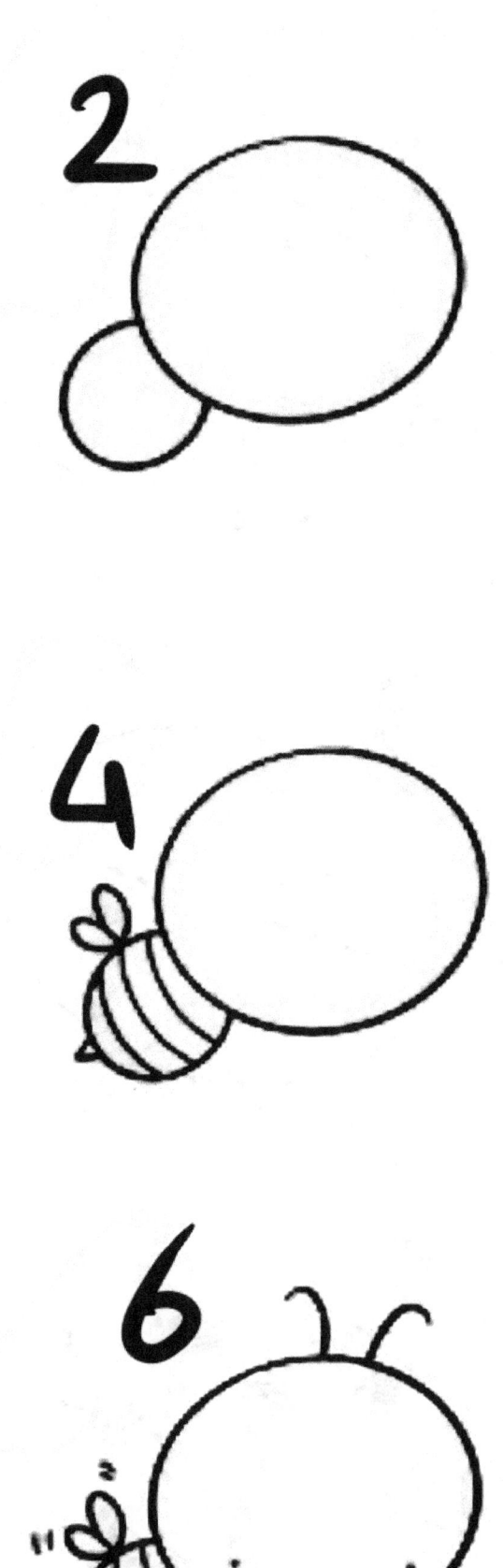

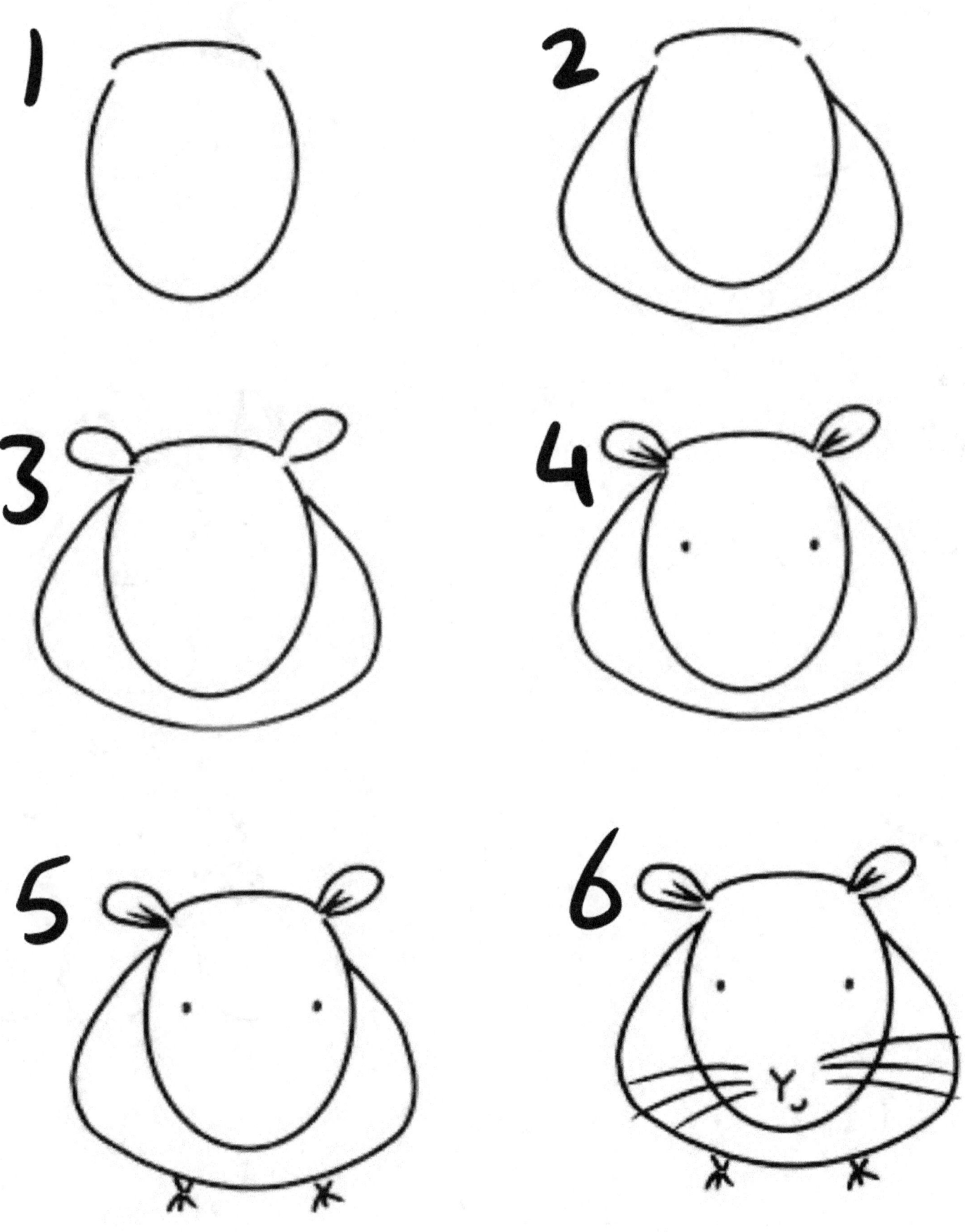

1

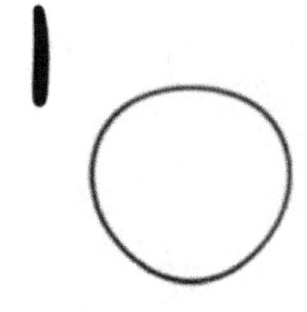

2

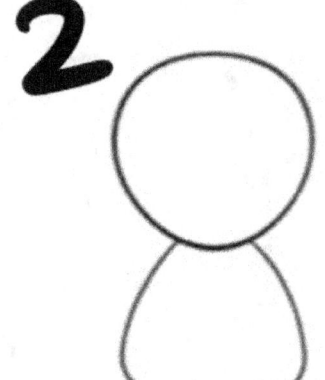

3

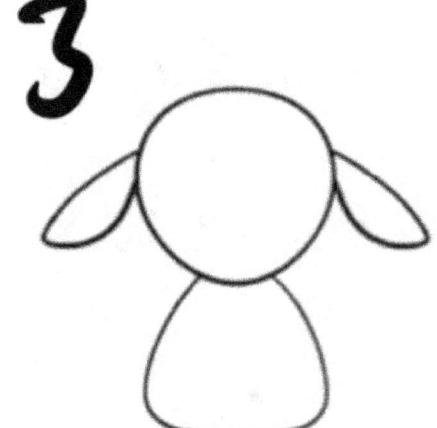

4

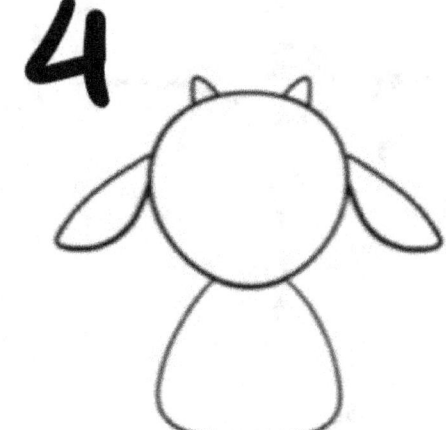

5

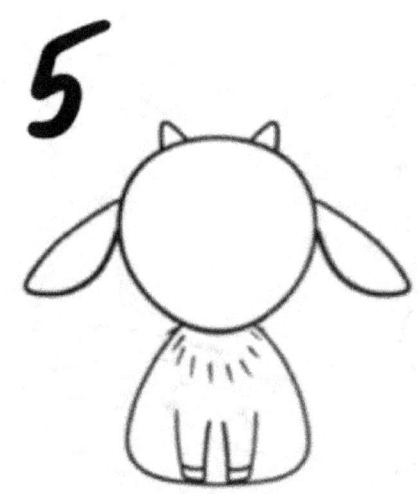

6

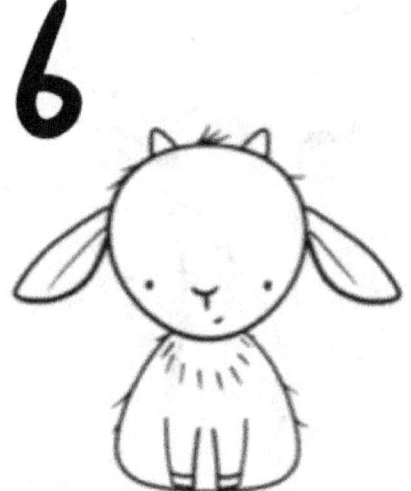

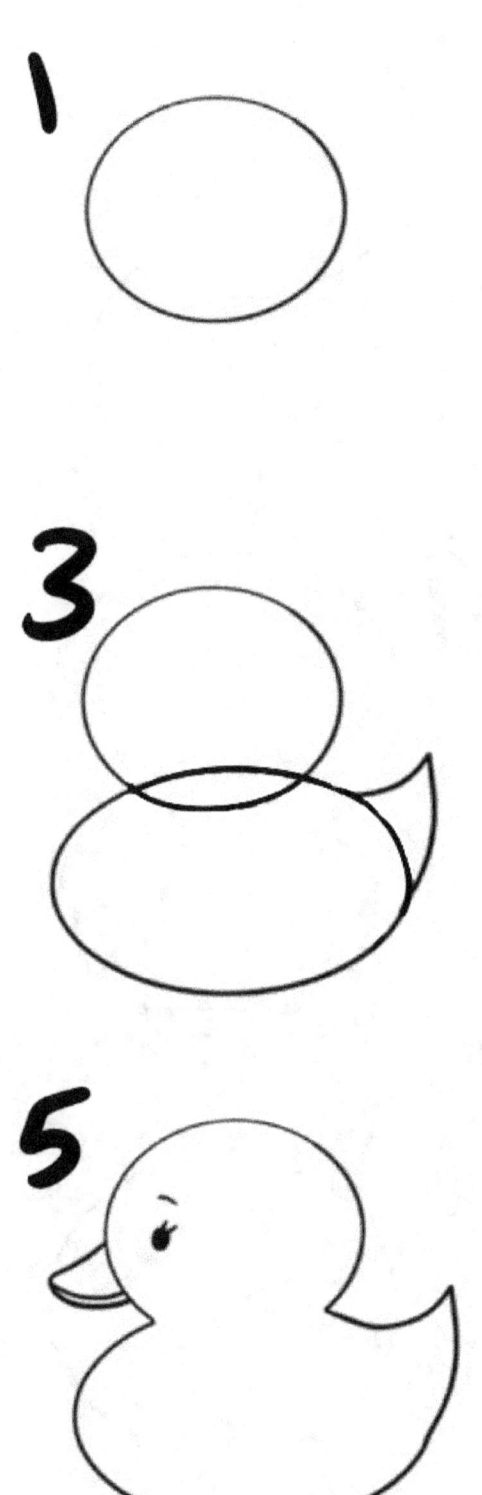
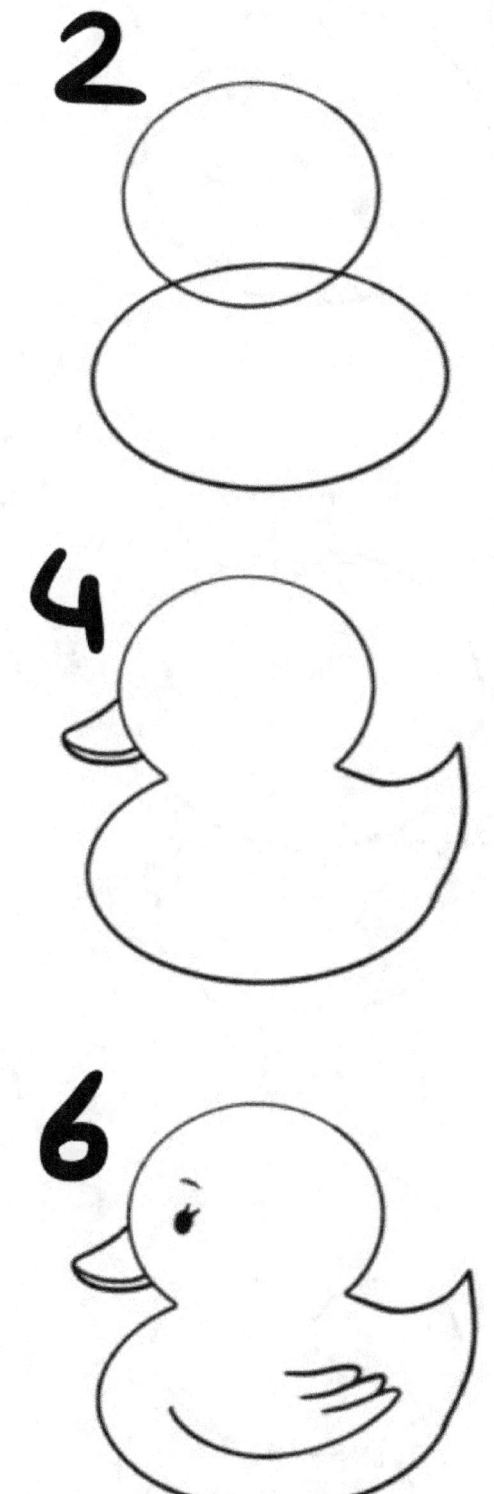

1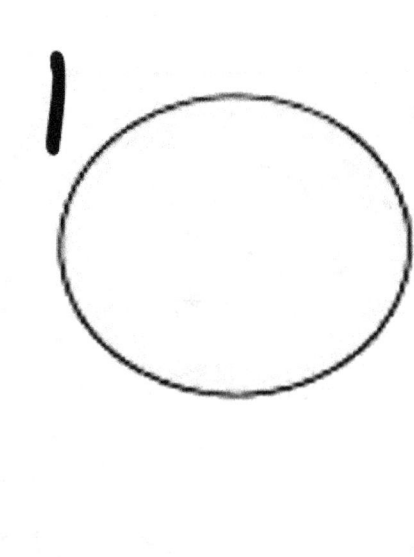

2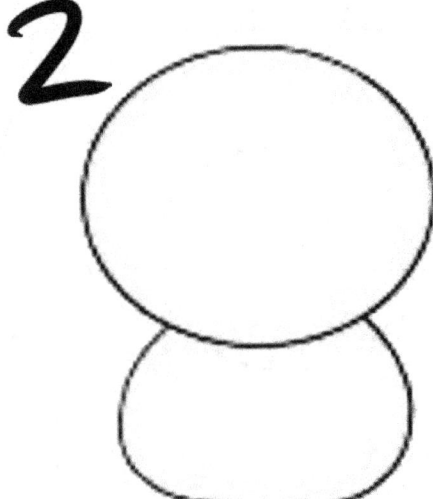

3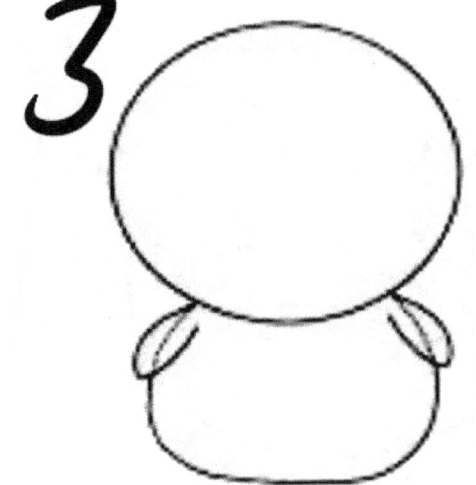

4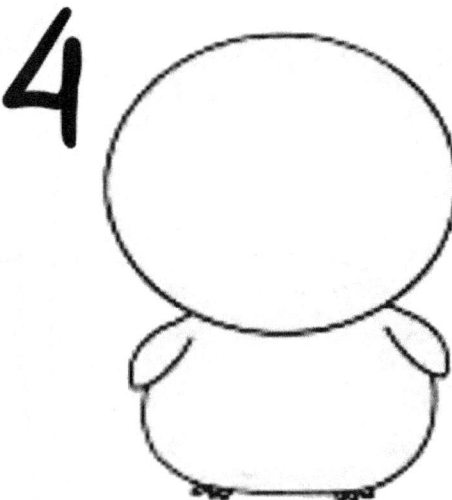

5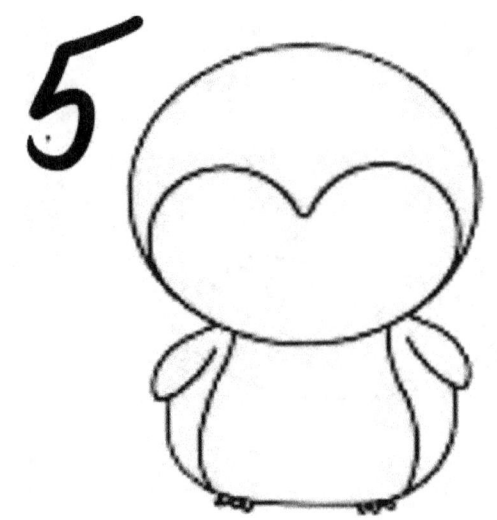

6

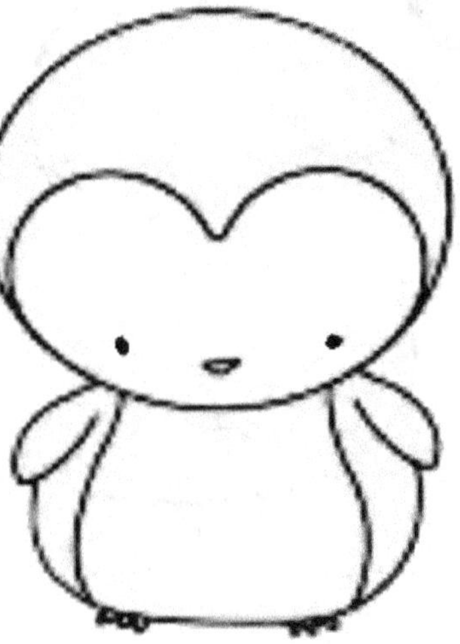

1

2

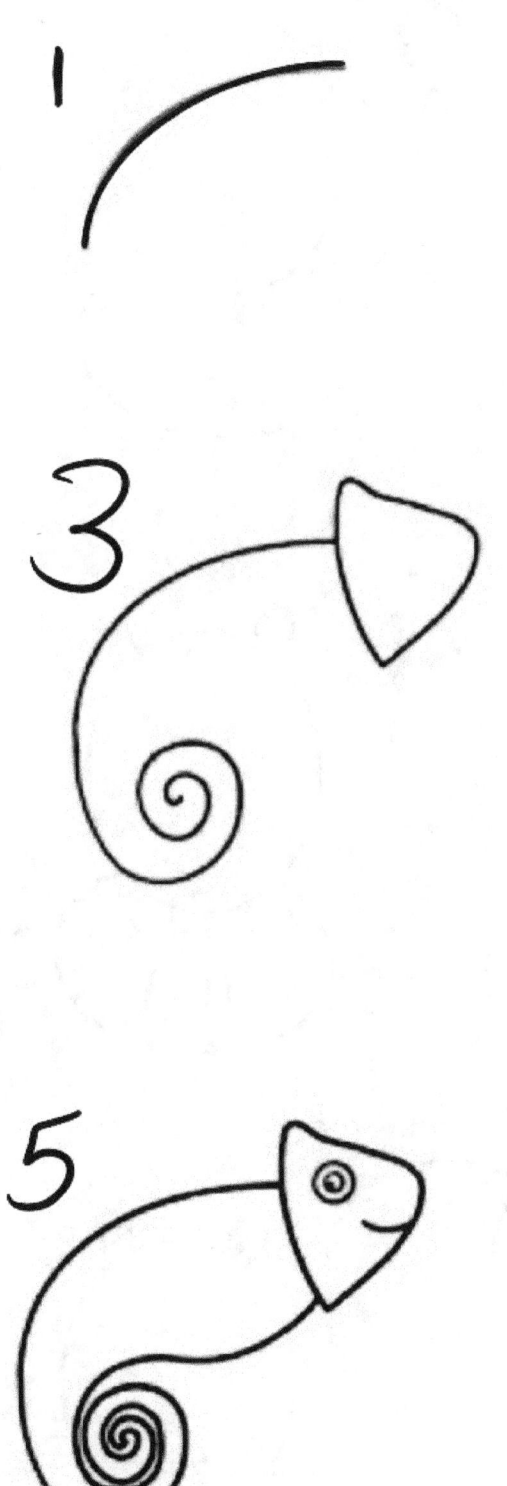

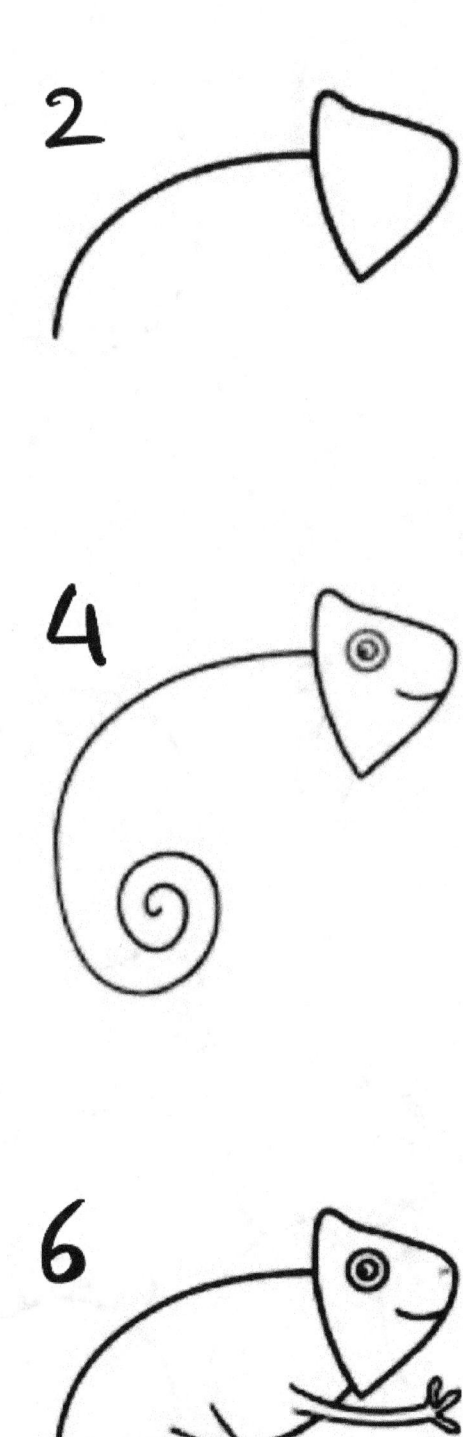

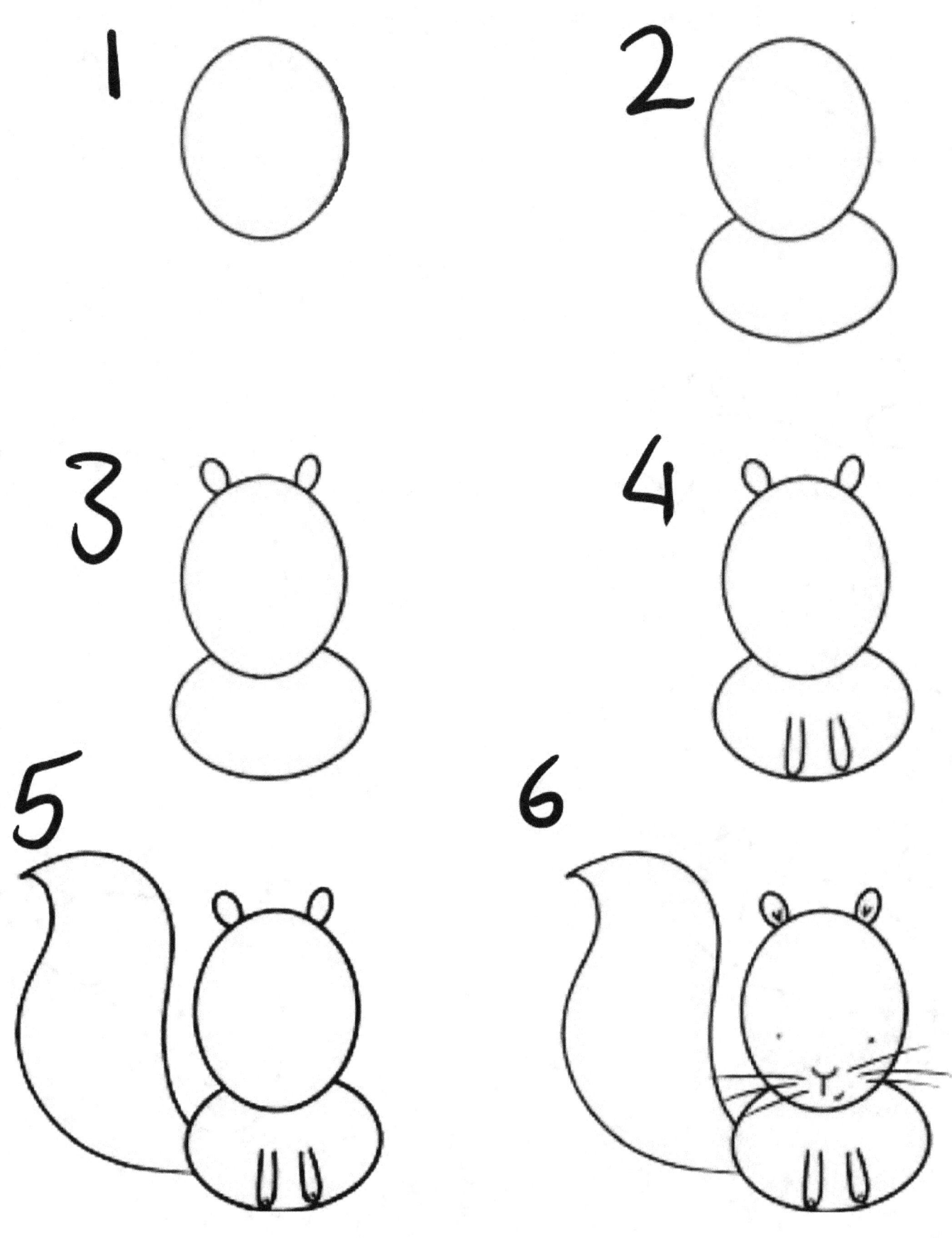

1

2

3

4

5

6

1

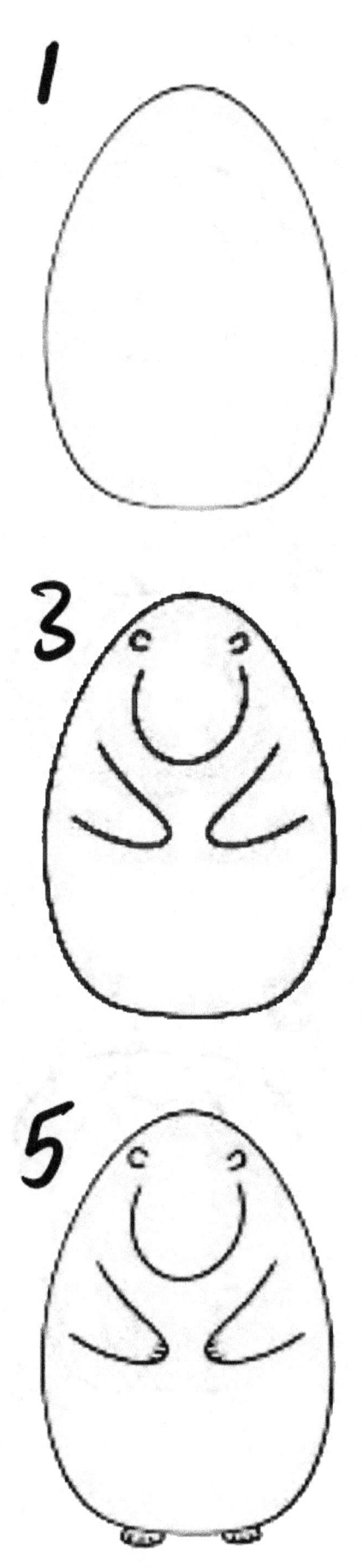

2

3

4

5

6

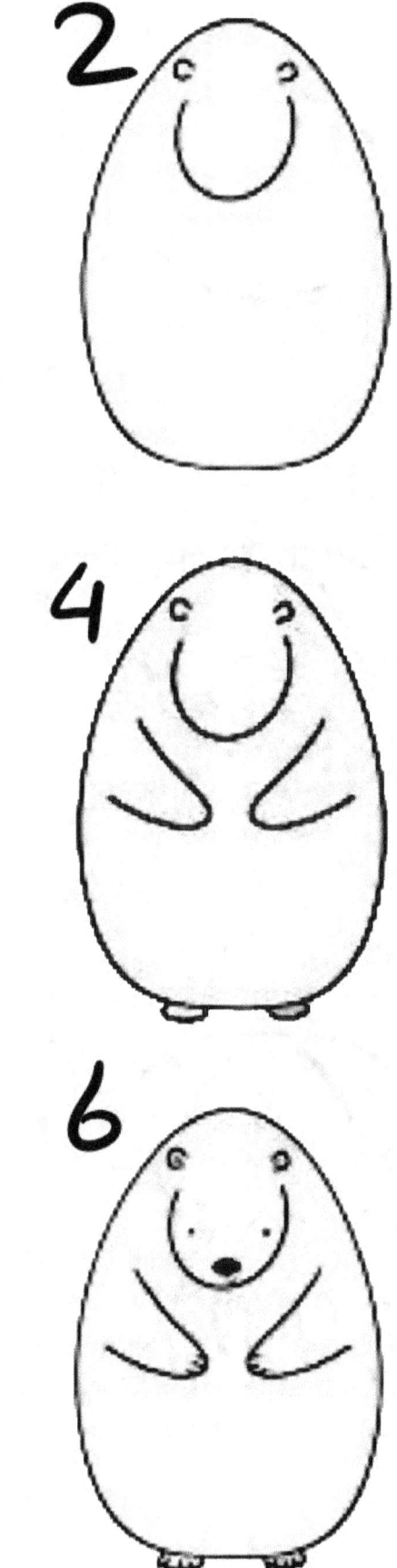

1

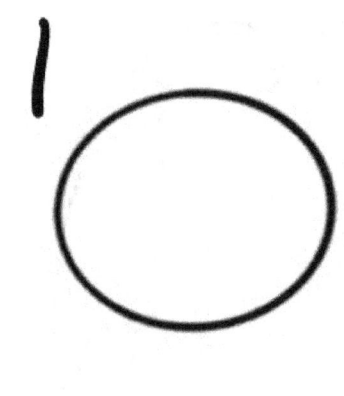

2

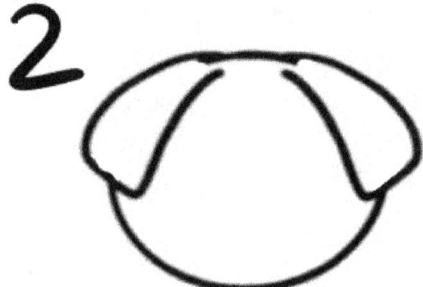

3

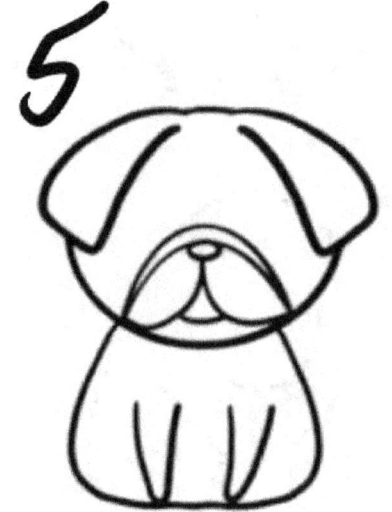

4

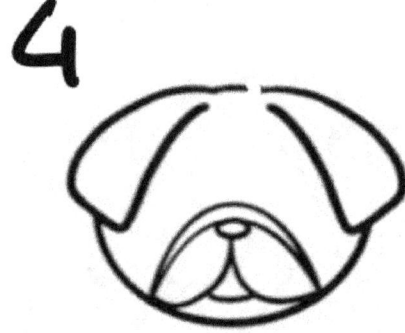

5

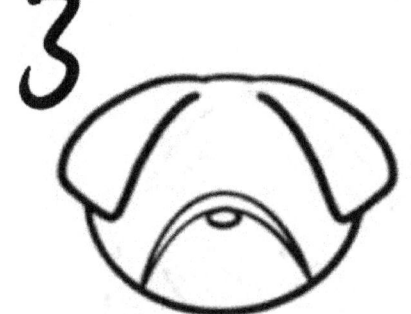

6

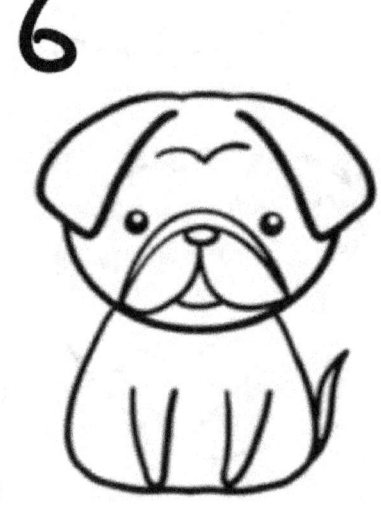

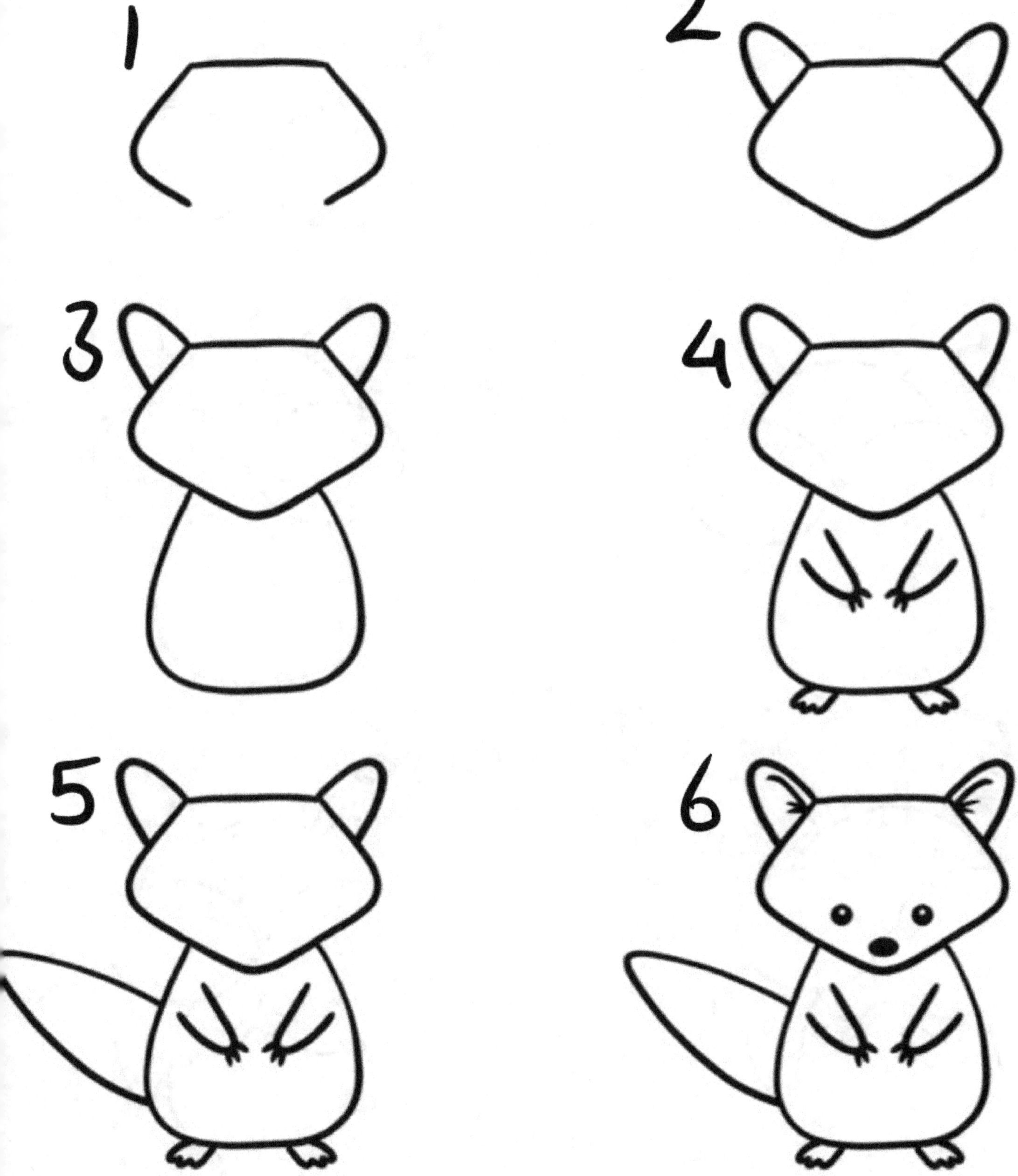

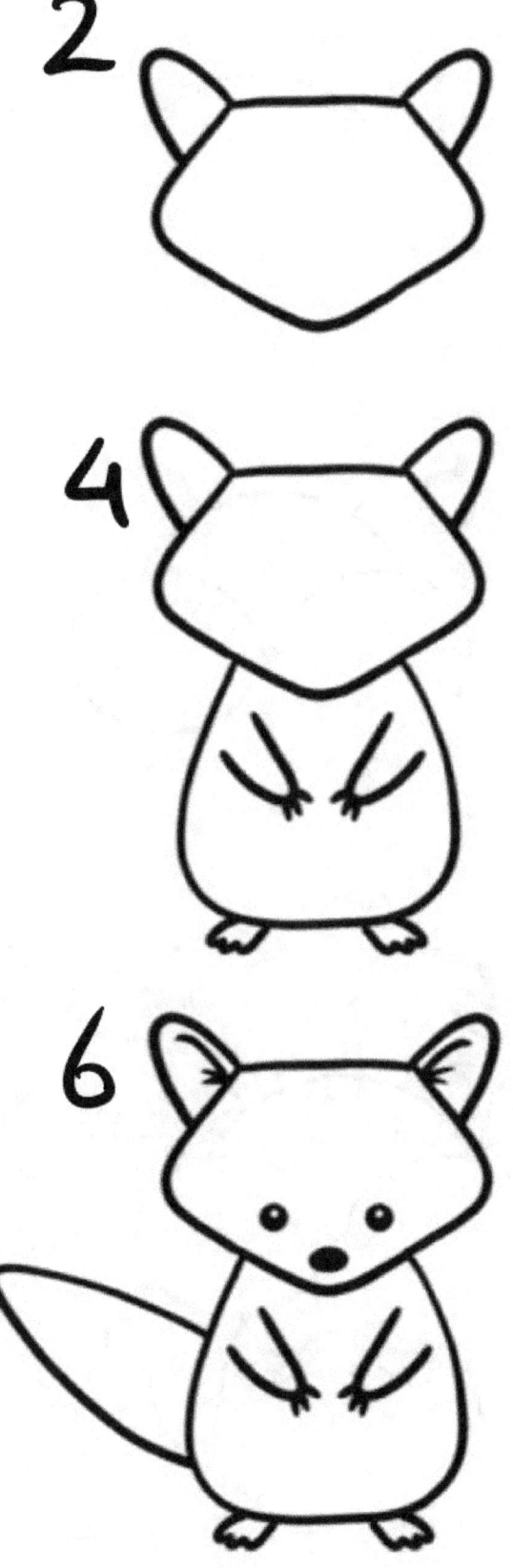

1

2

3

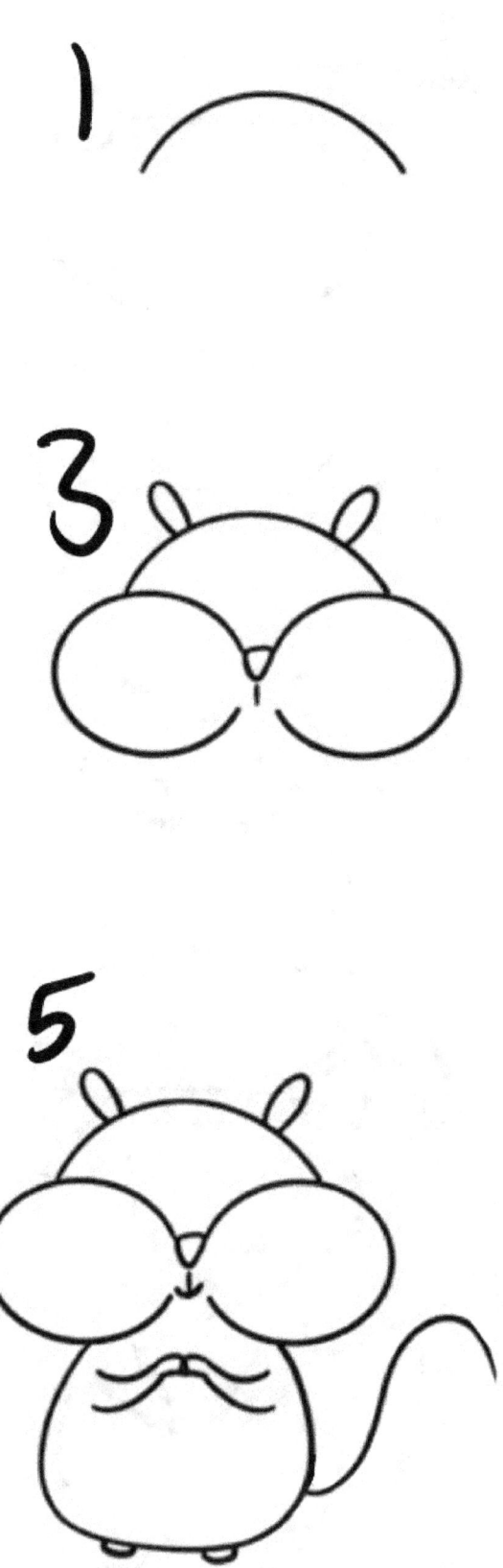

4

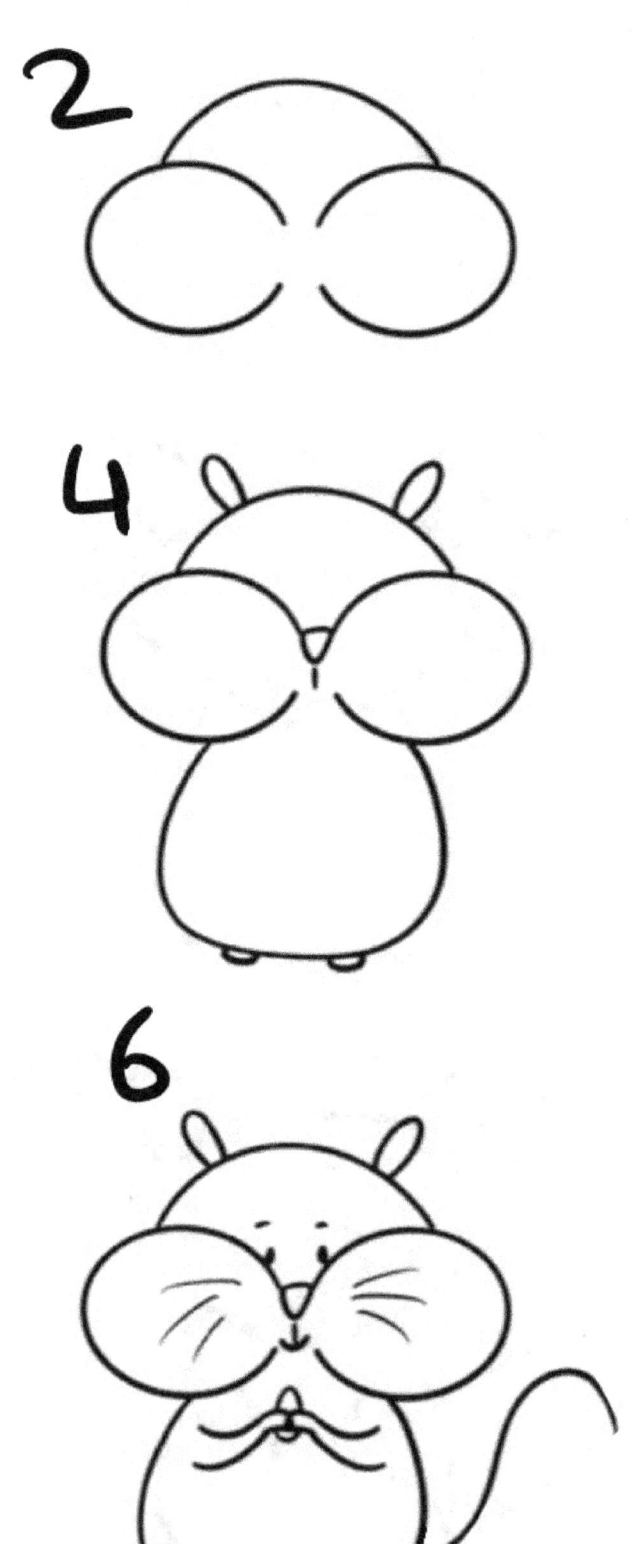

5

6

1

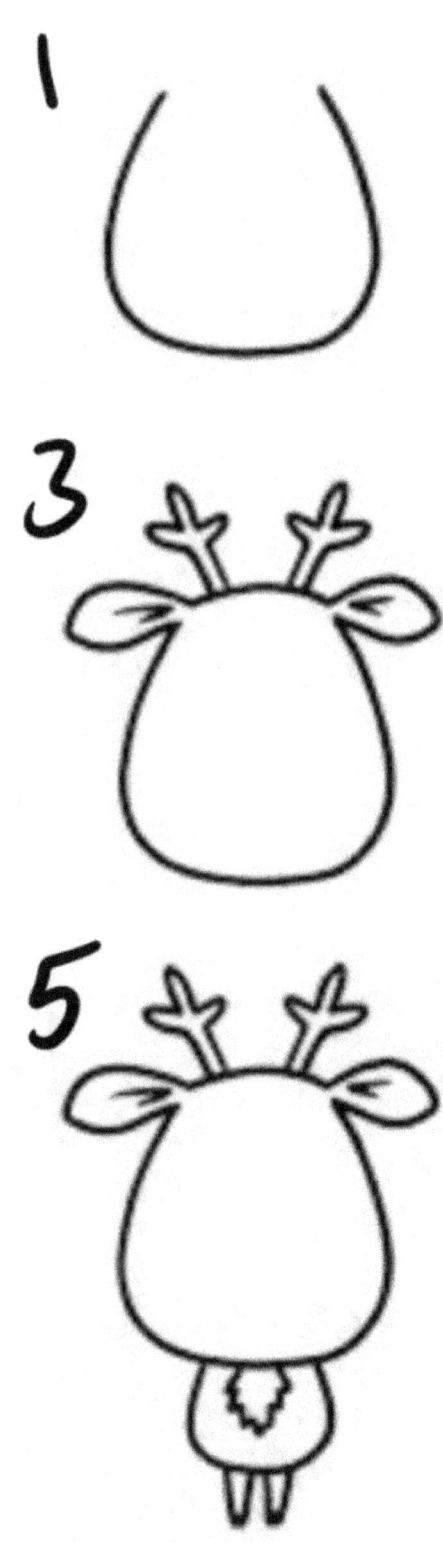

2

3

4

5

6

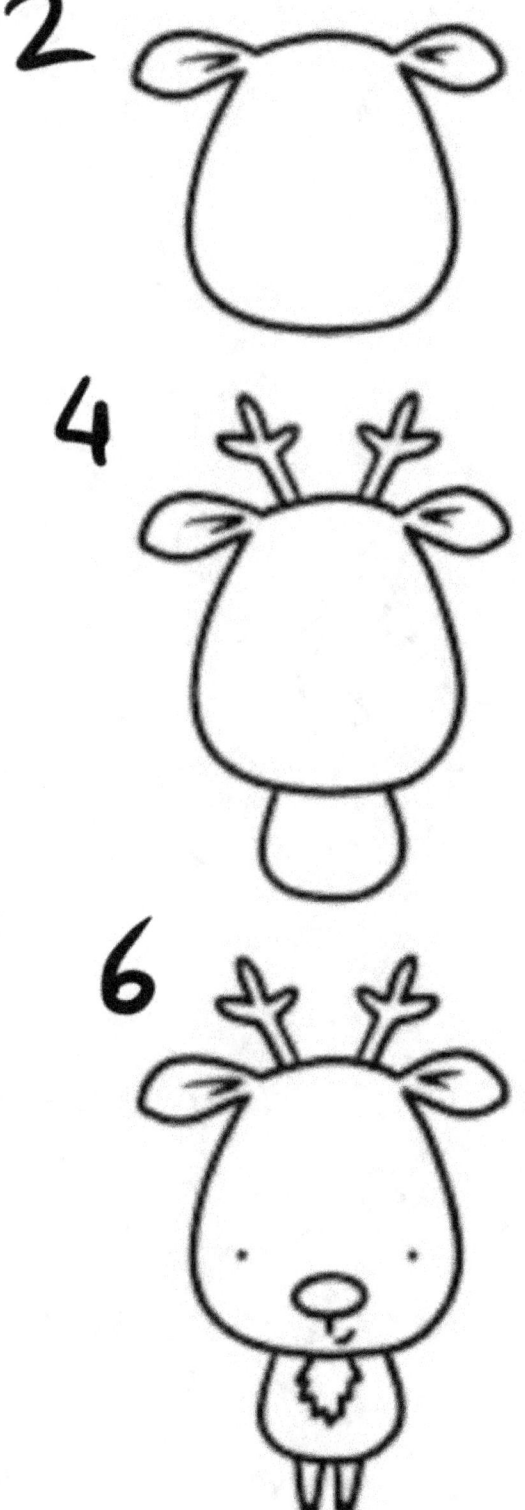

1

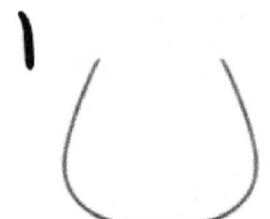

2

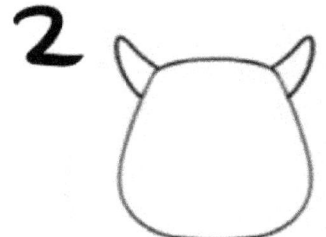

3

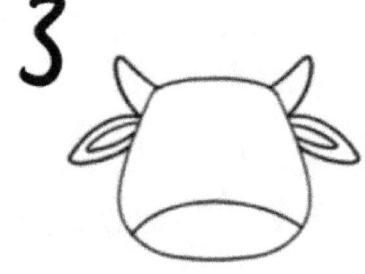

4

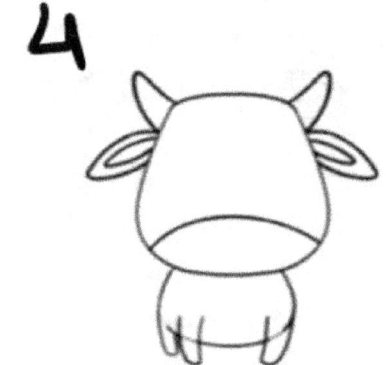

5

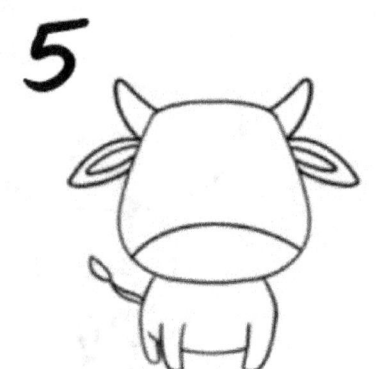

6

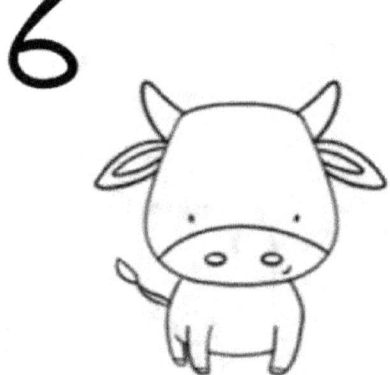

1
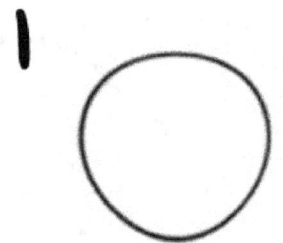

2
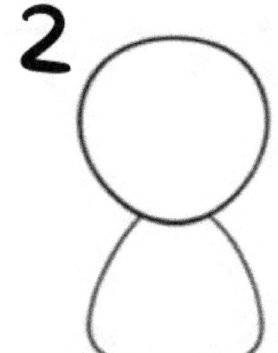

3
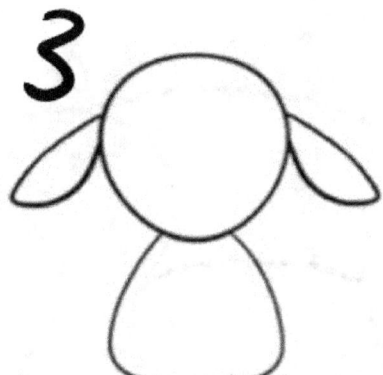

4
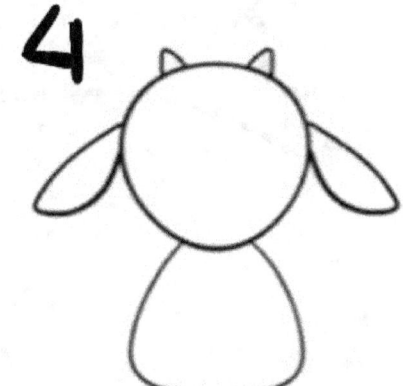

5
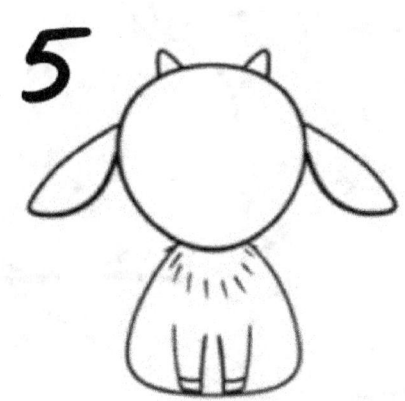

6
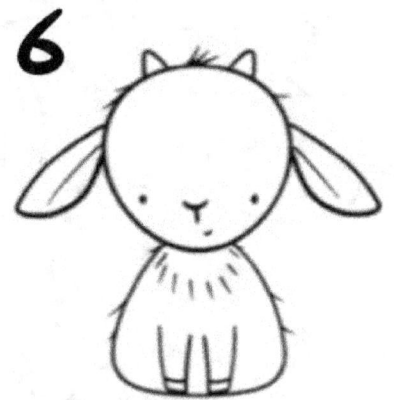

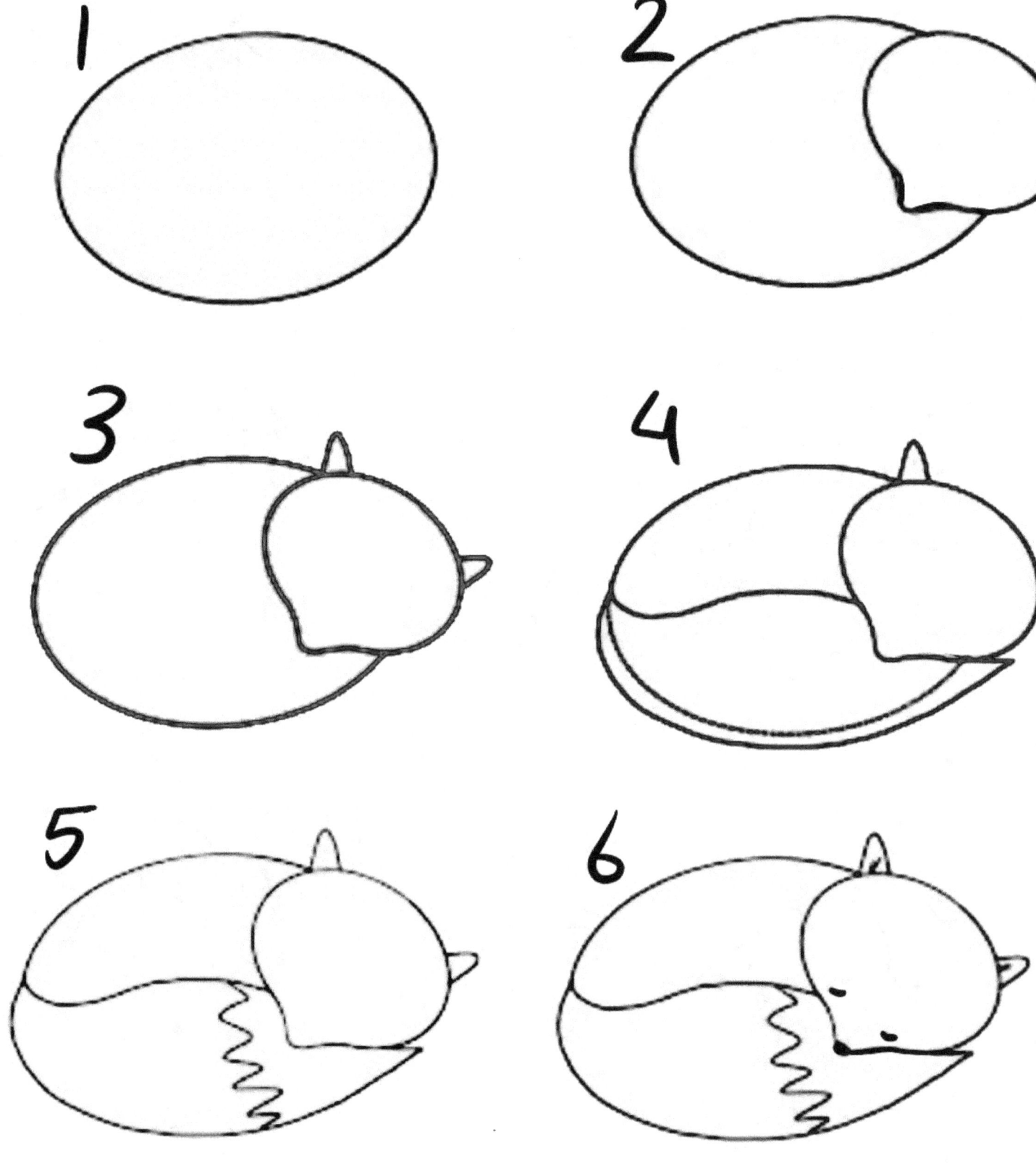

1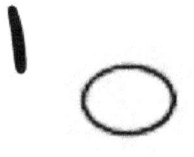

2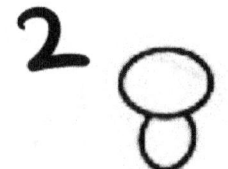

3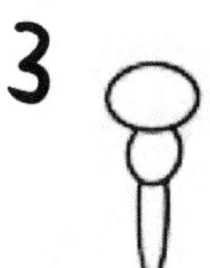

4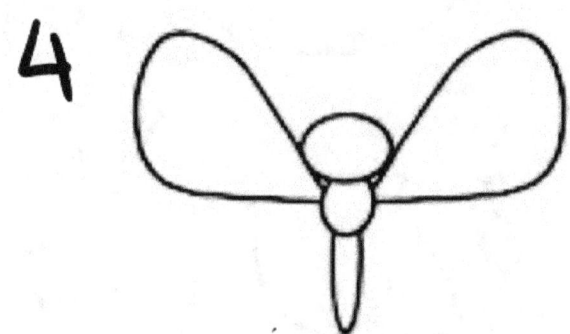

5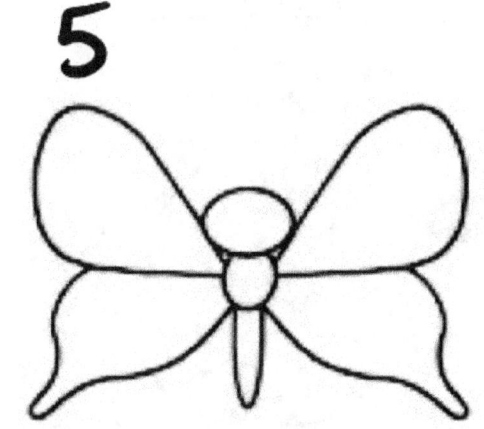

6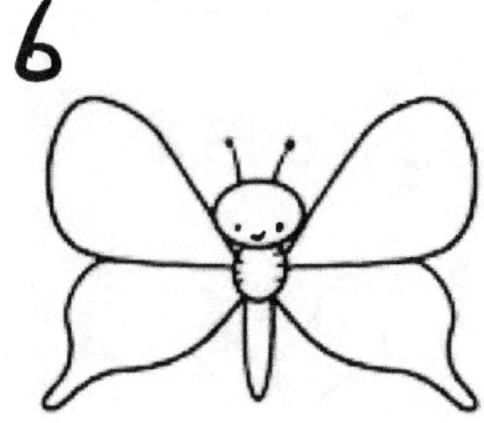

1

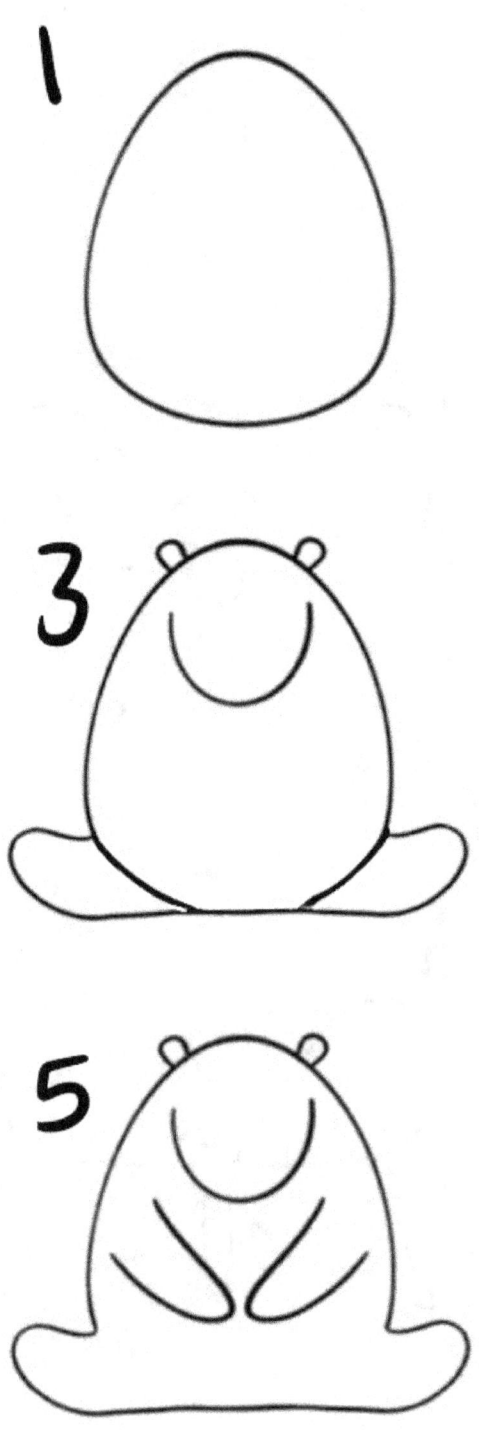

2

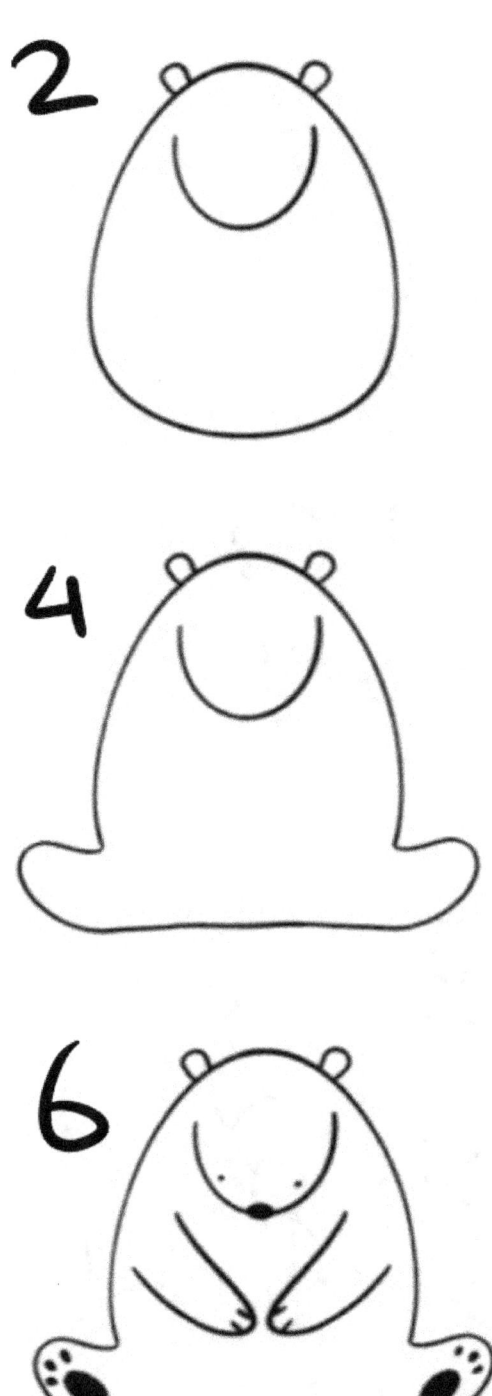

3

4

5

6

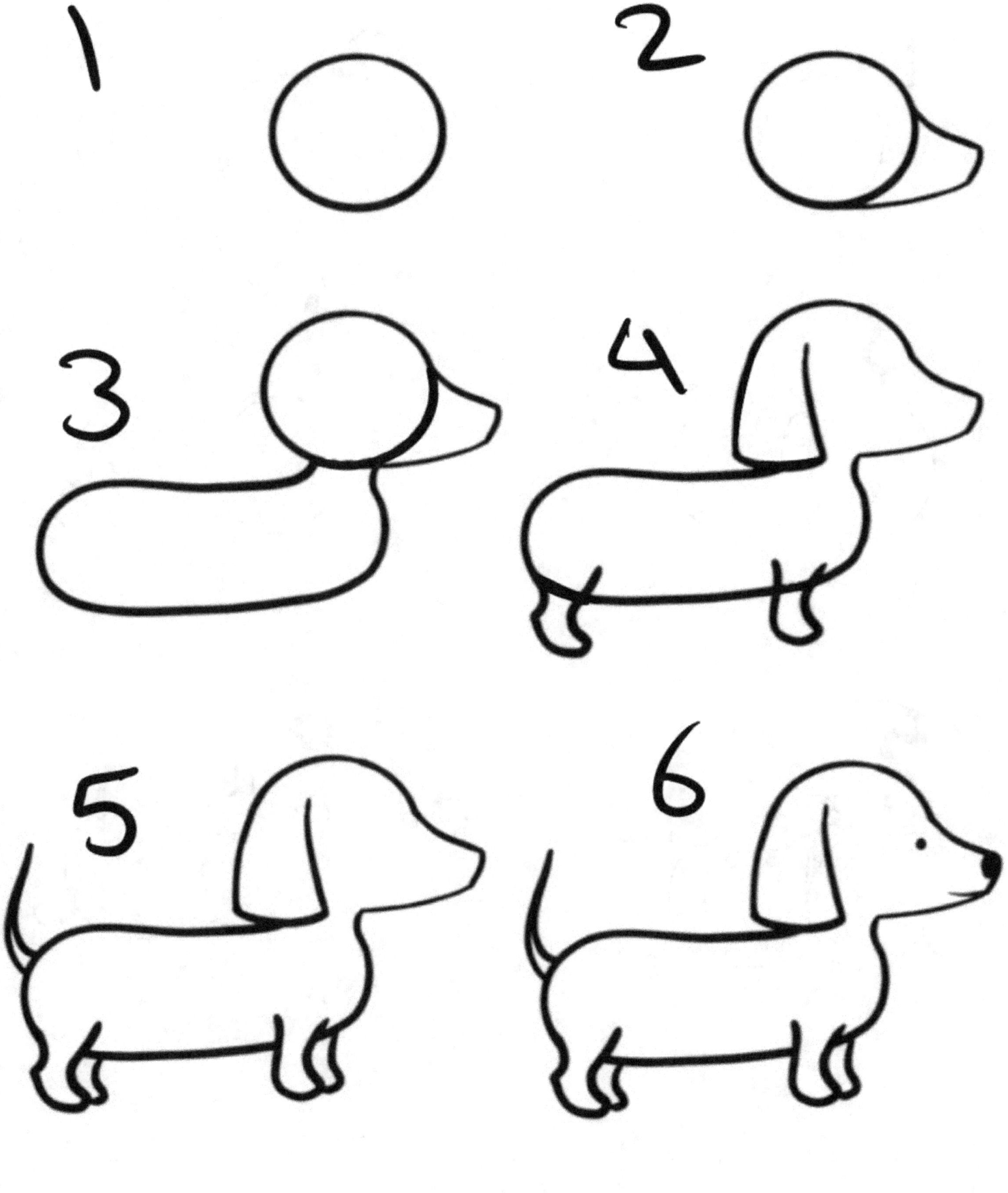
1
2
3
4
5
6

1

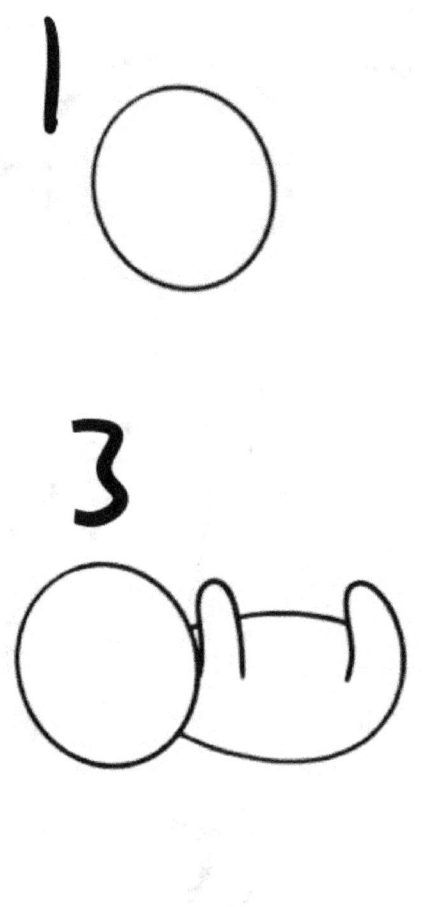

2

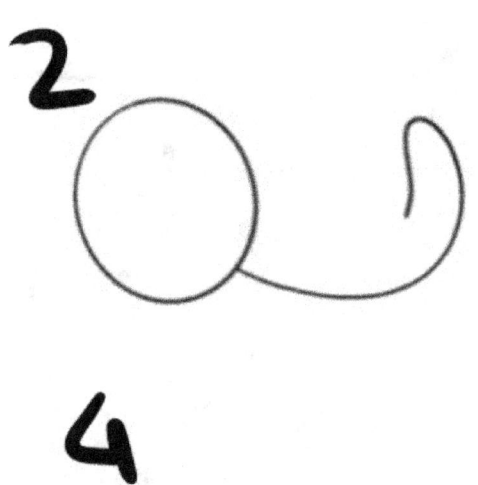

3

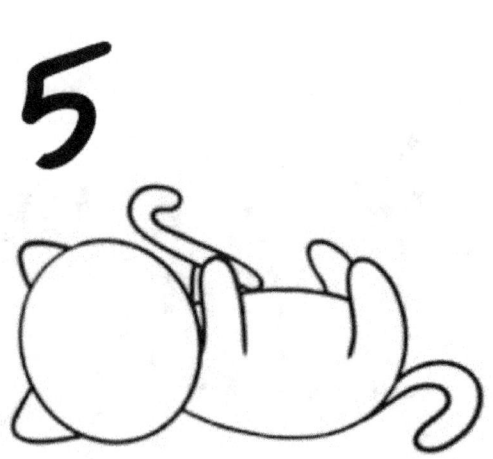

4

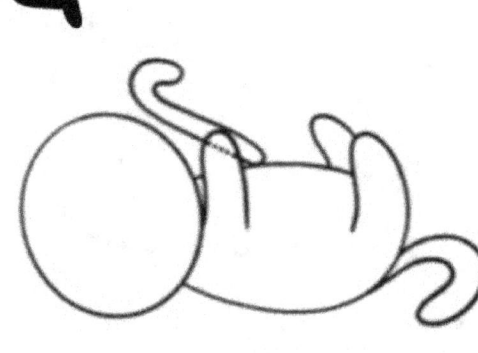

5

6

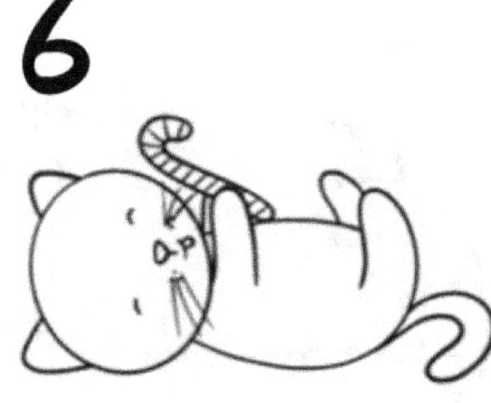

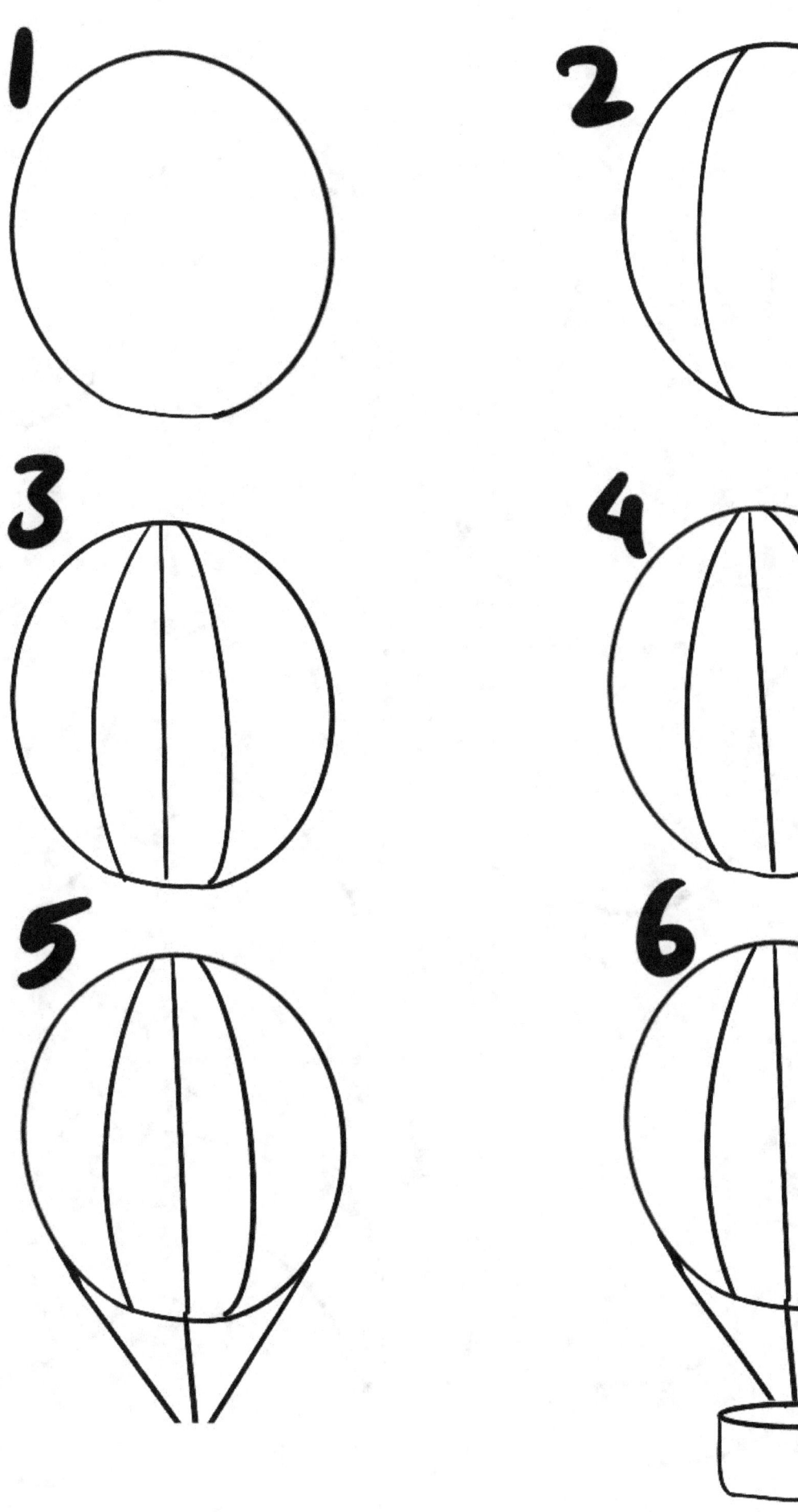

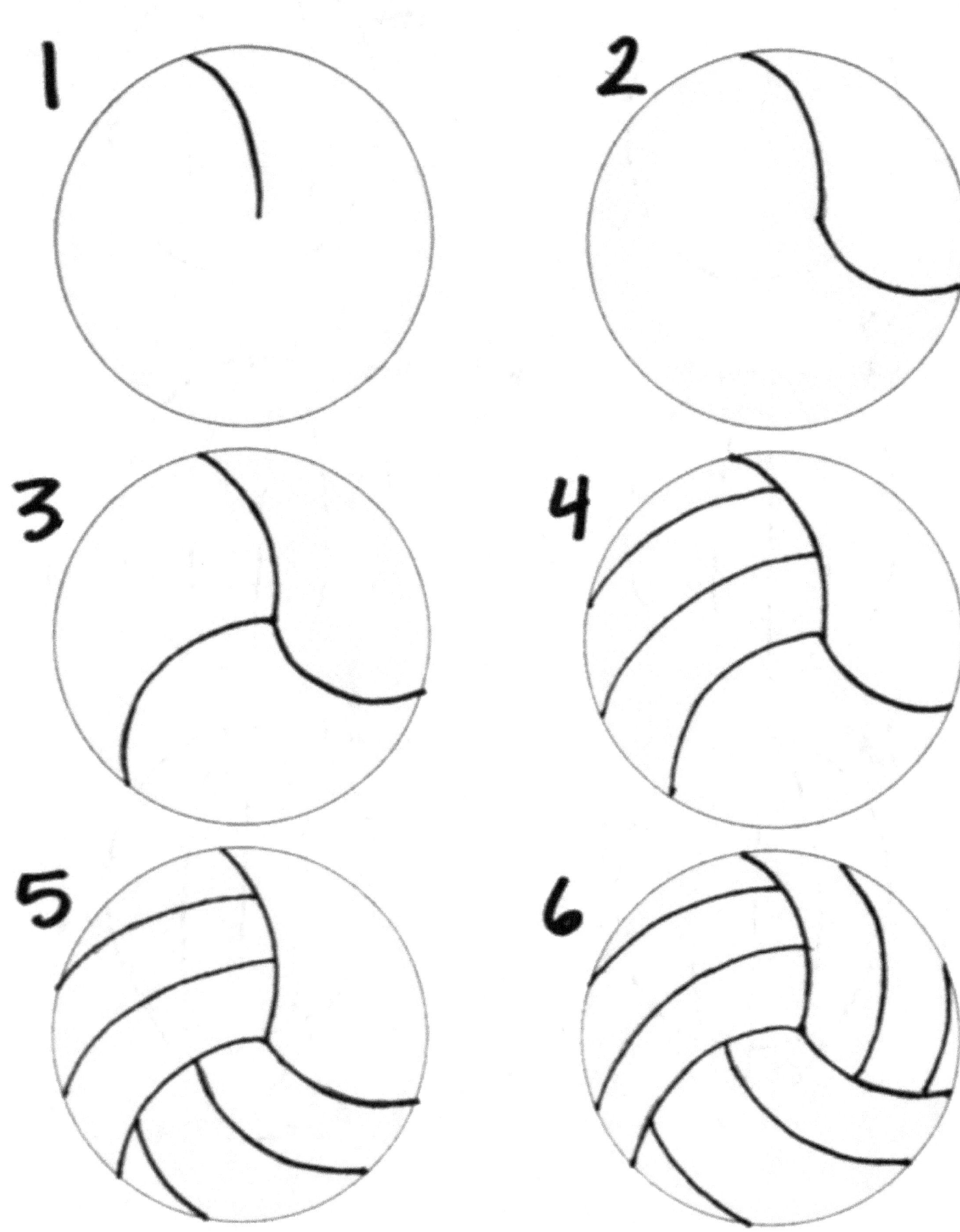

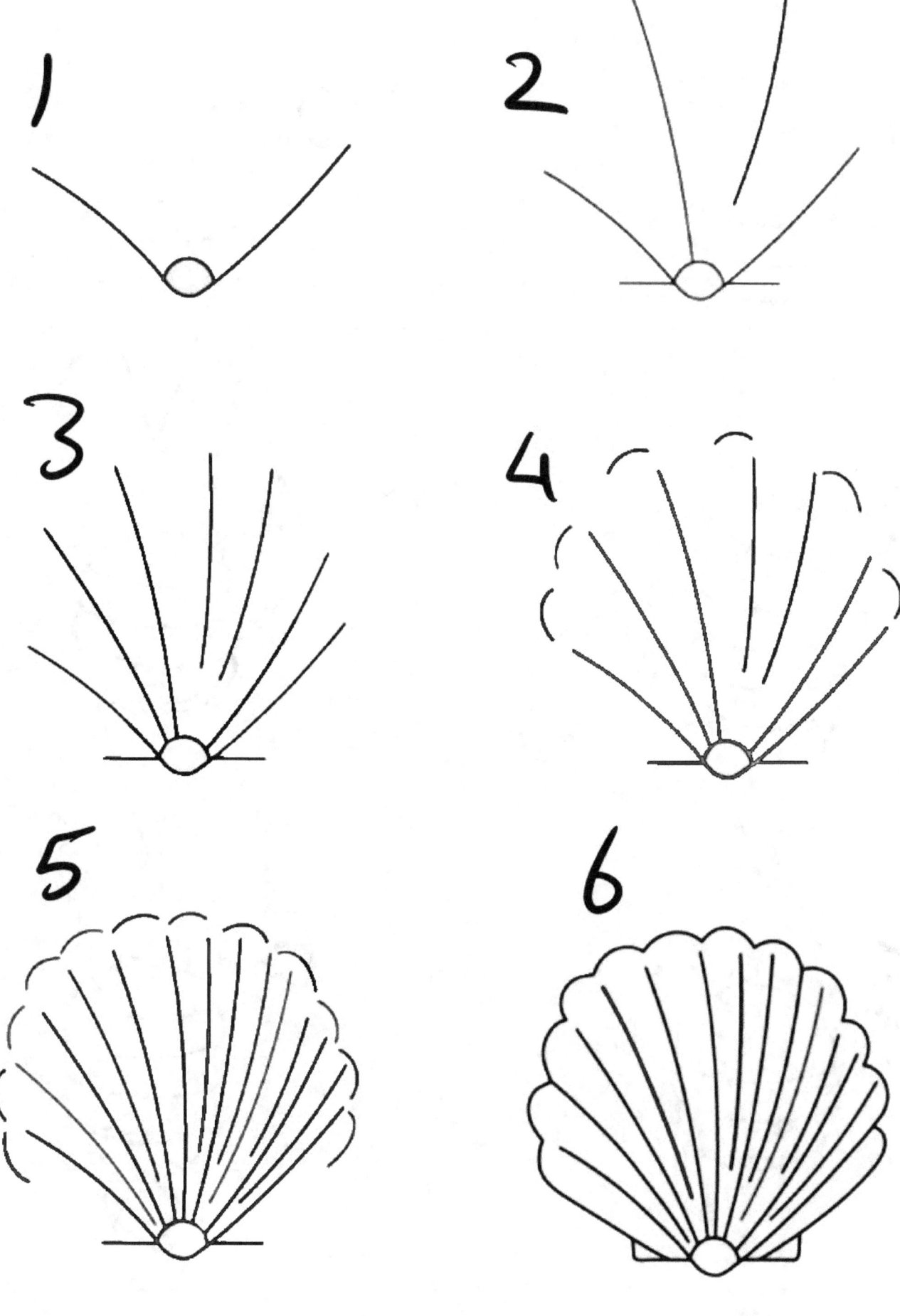

1

2

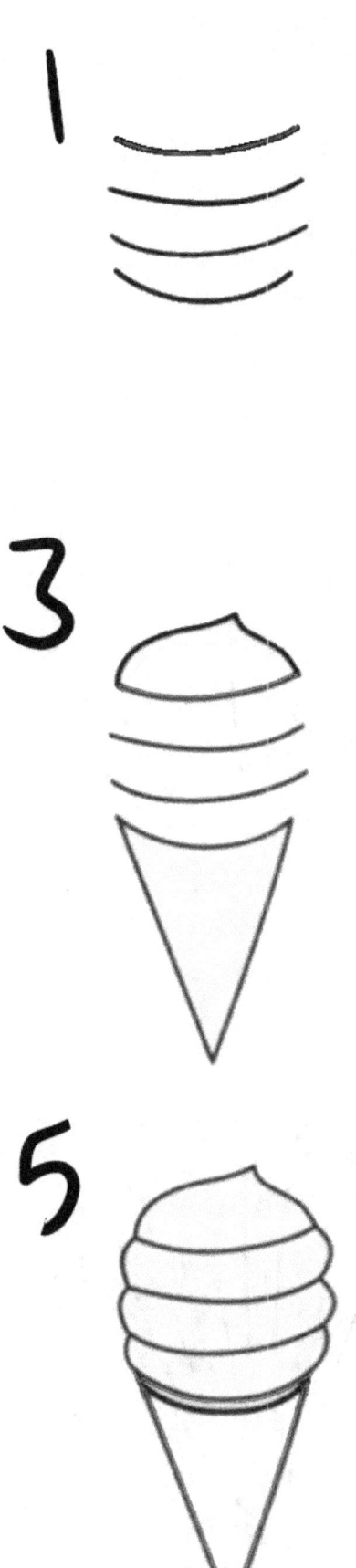

3

4

5

6

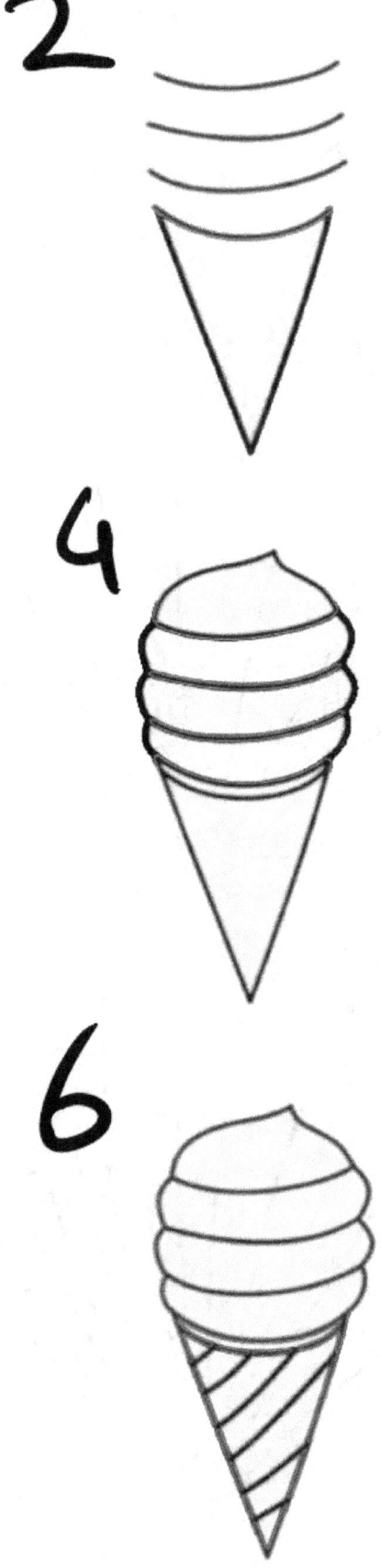

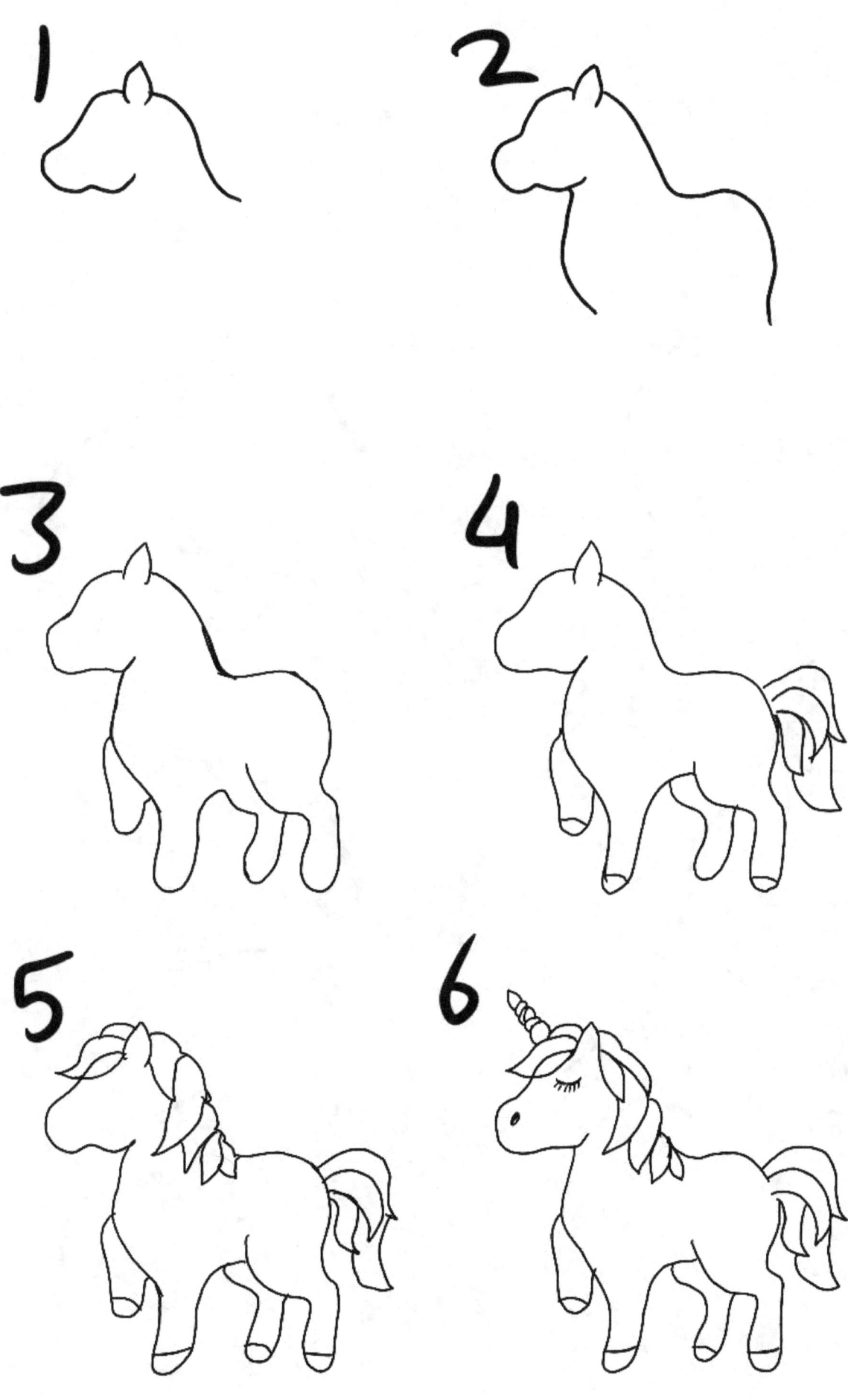

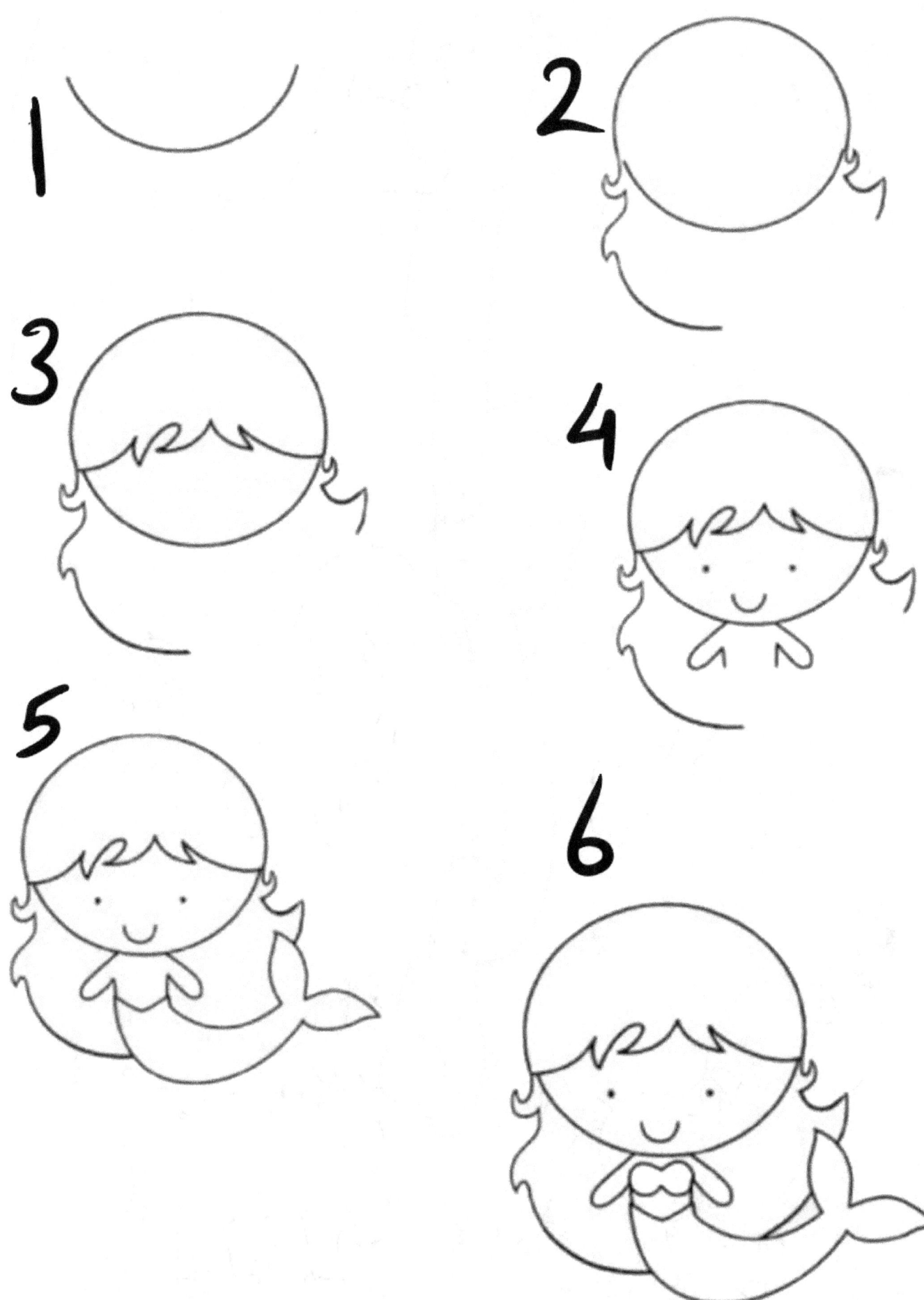

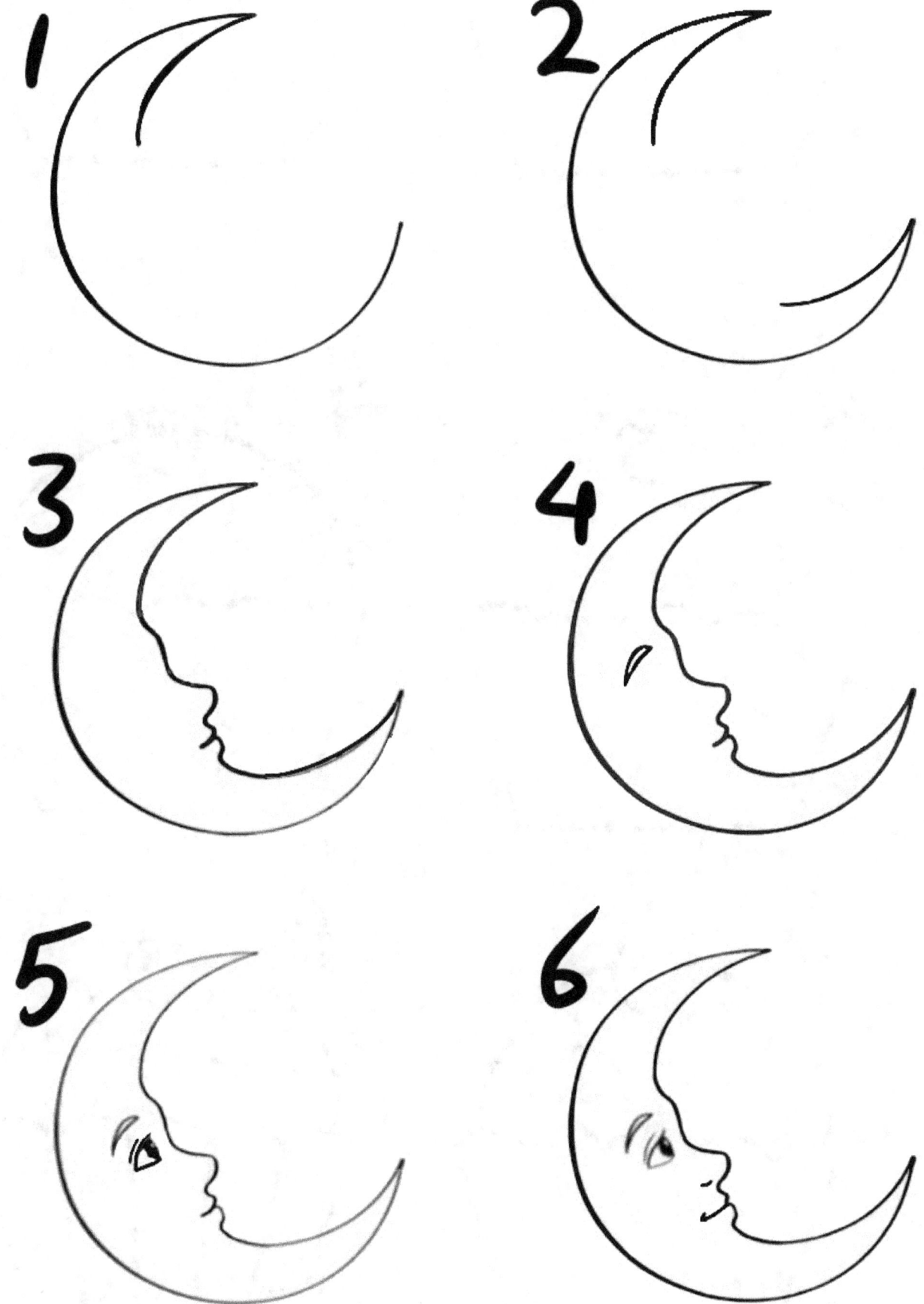

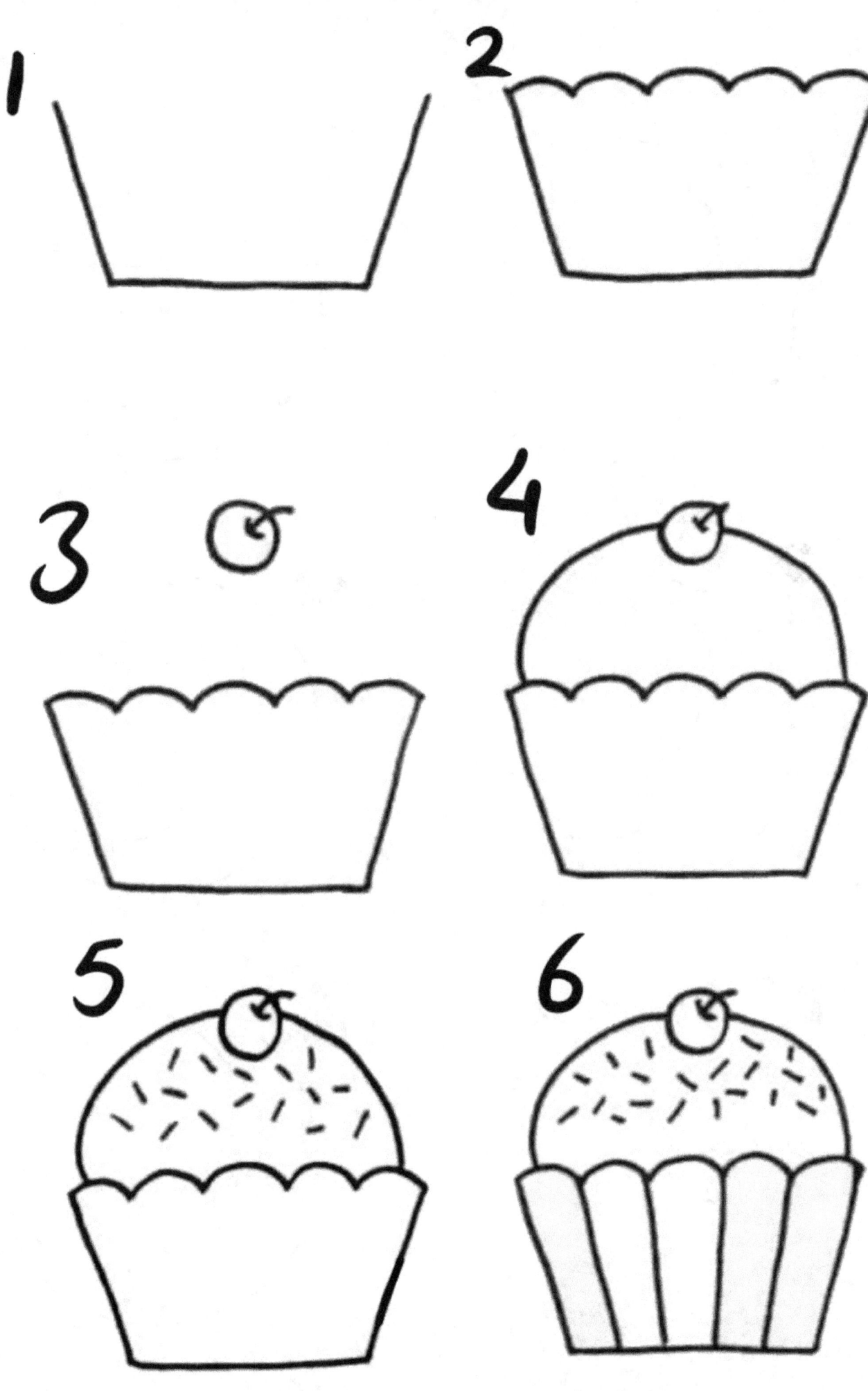

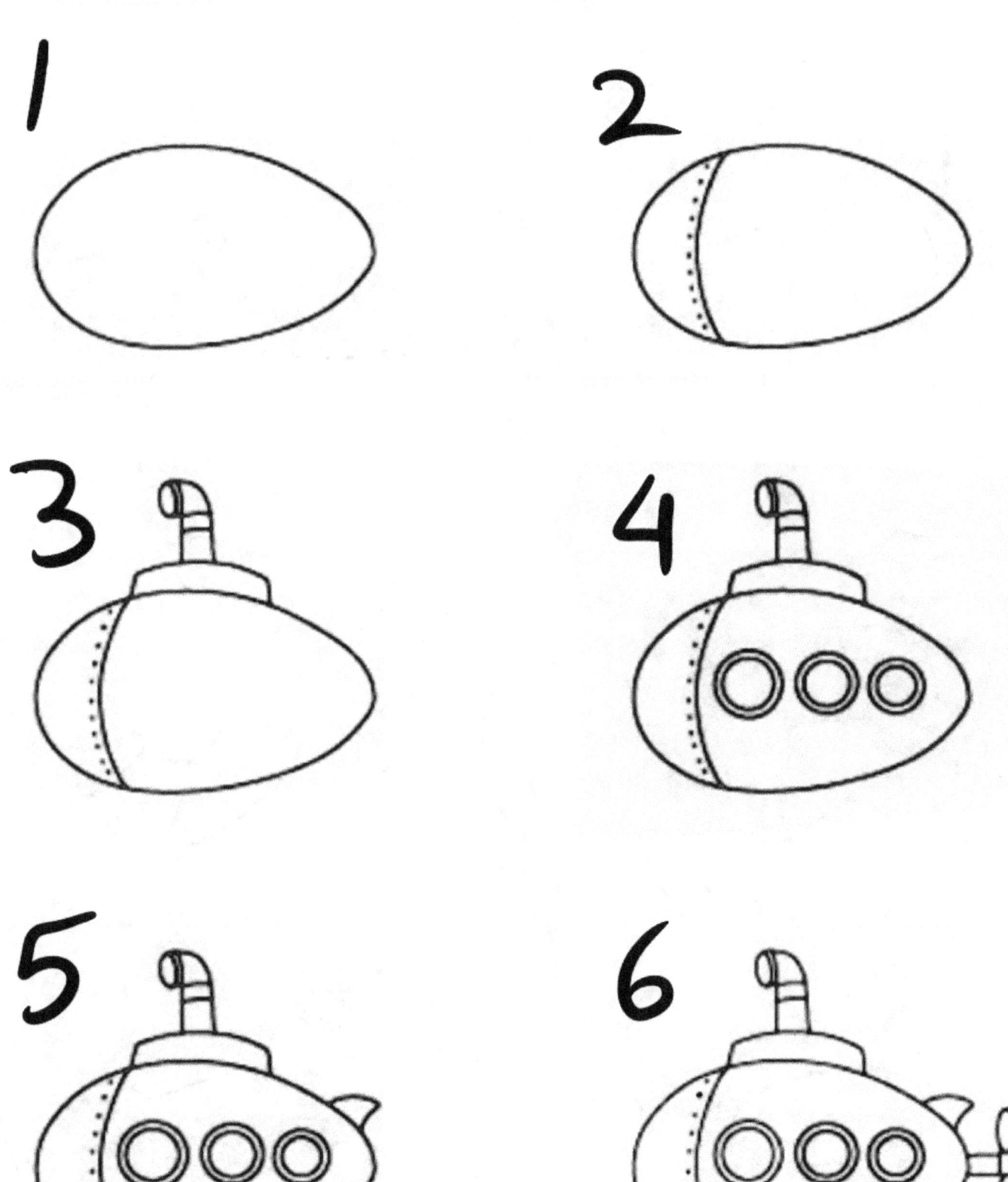

1

2

3

4

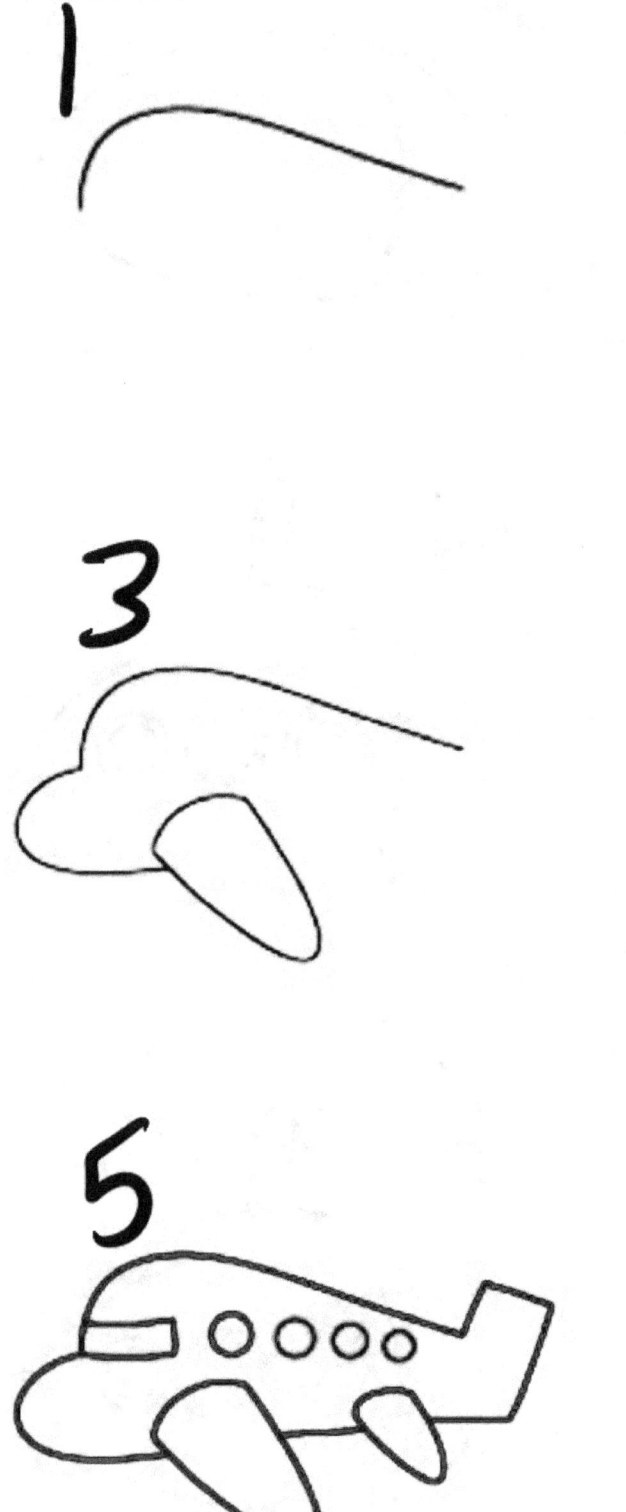

5

6

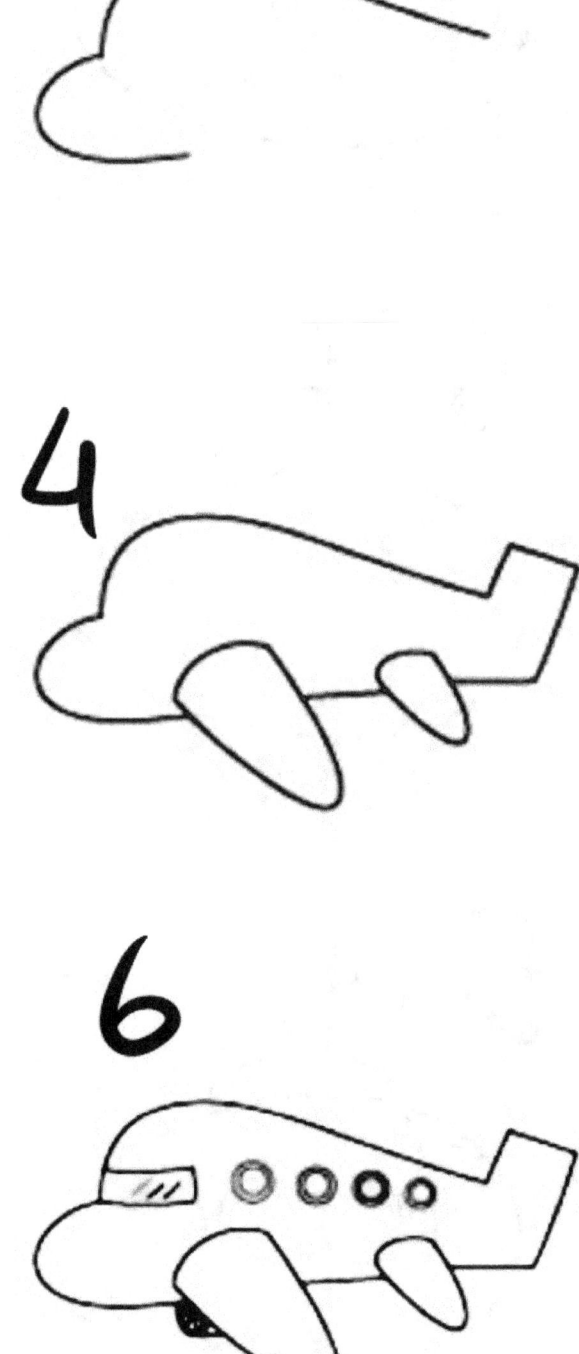

1

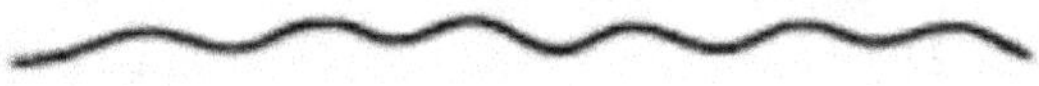

2

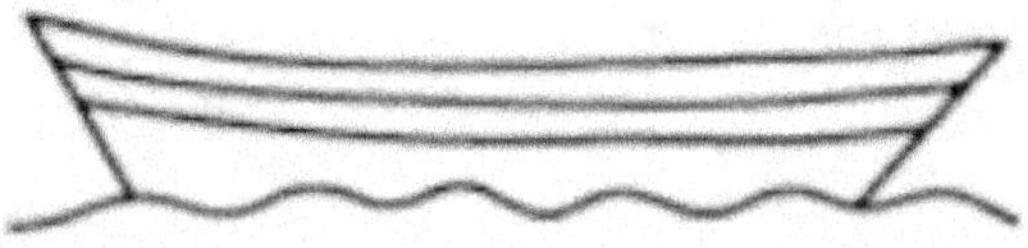

3

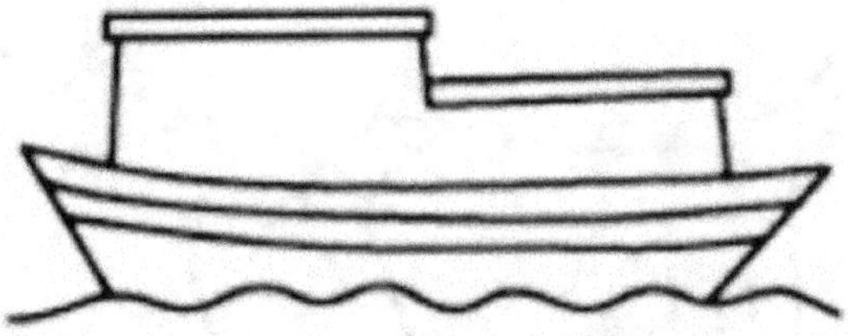

4

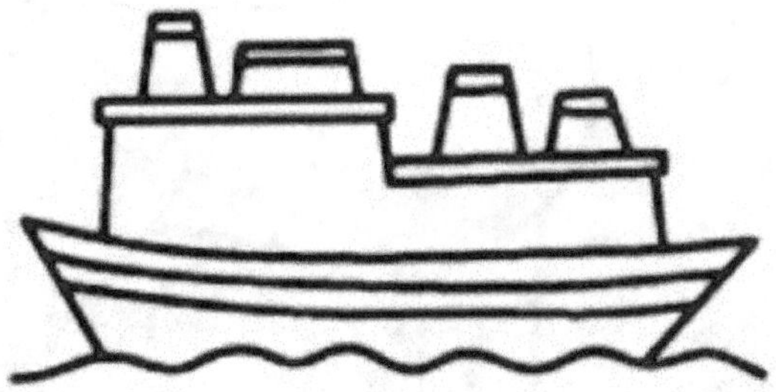

5

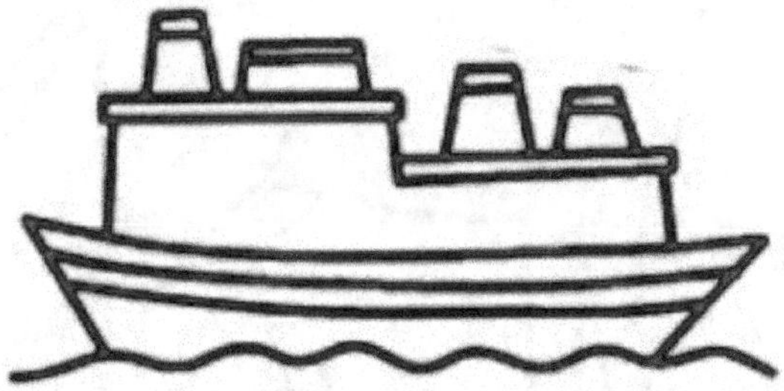

6

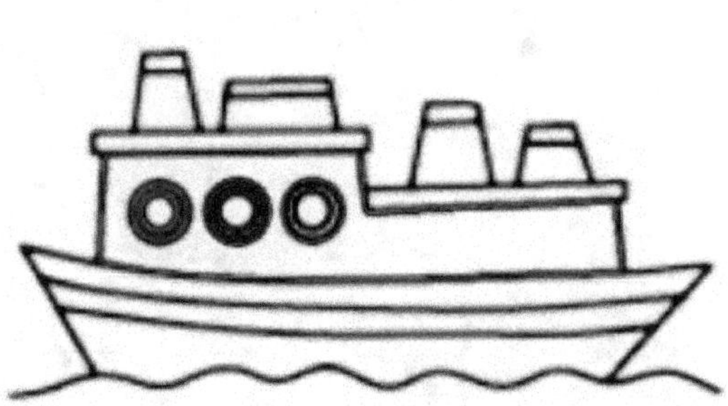

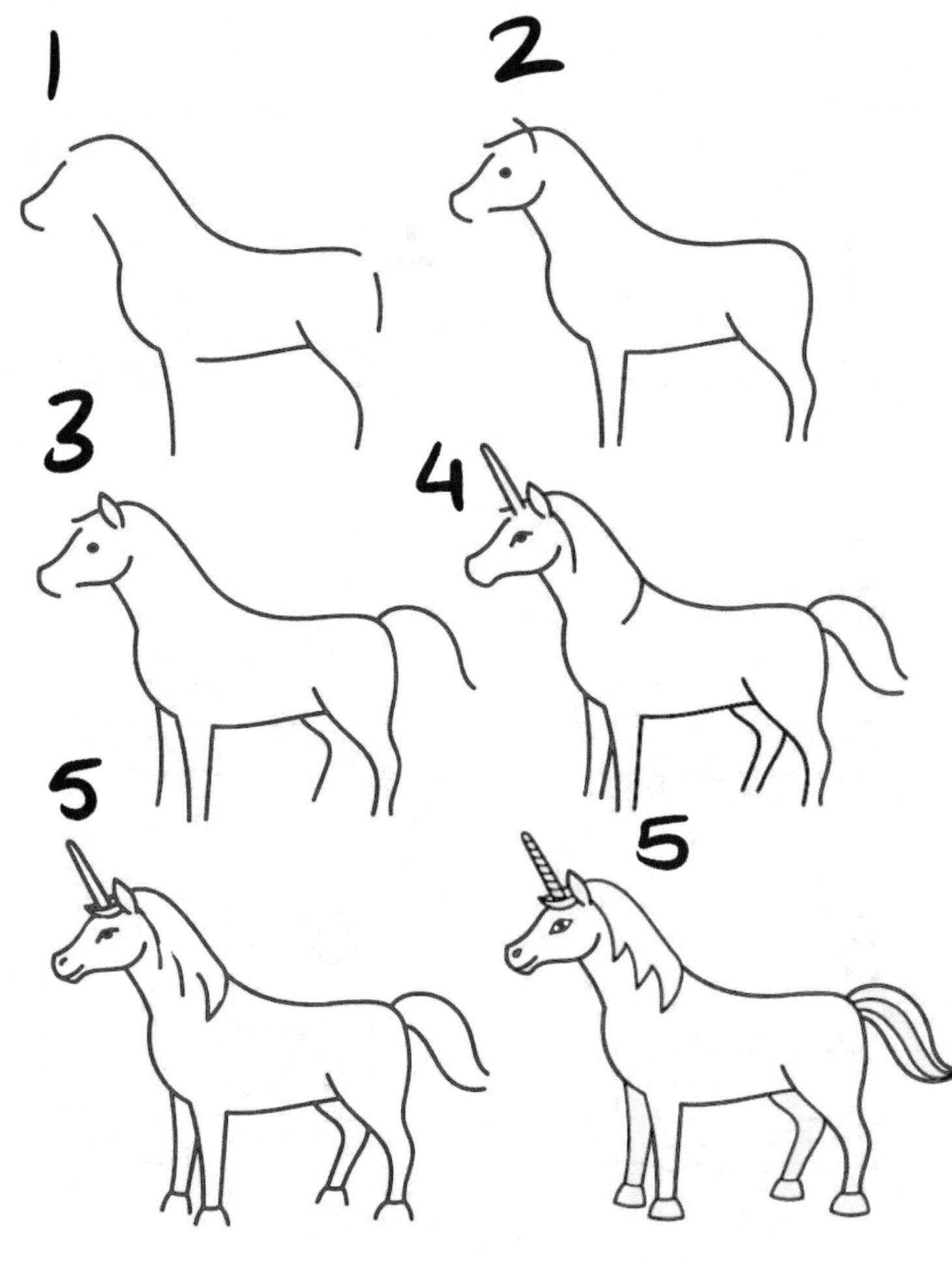

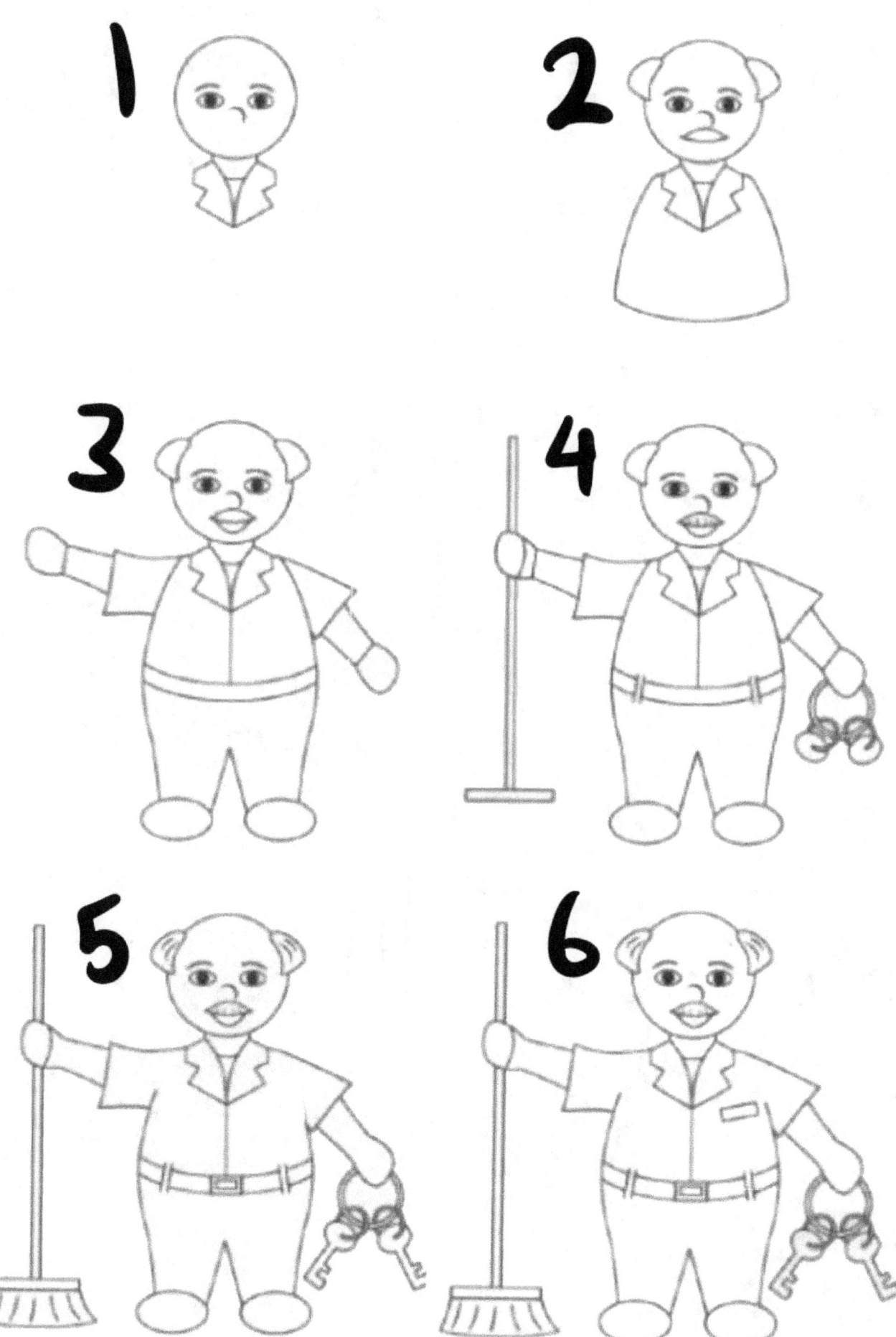

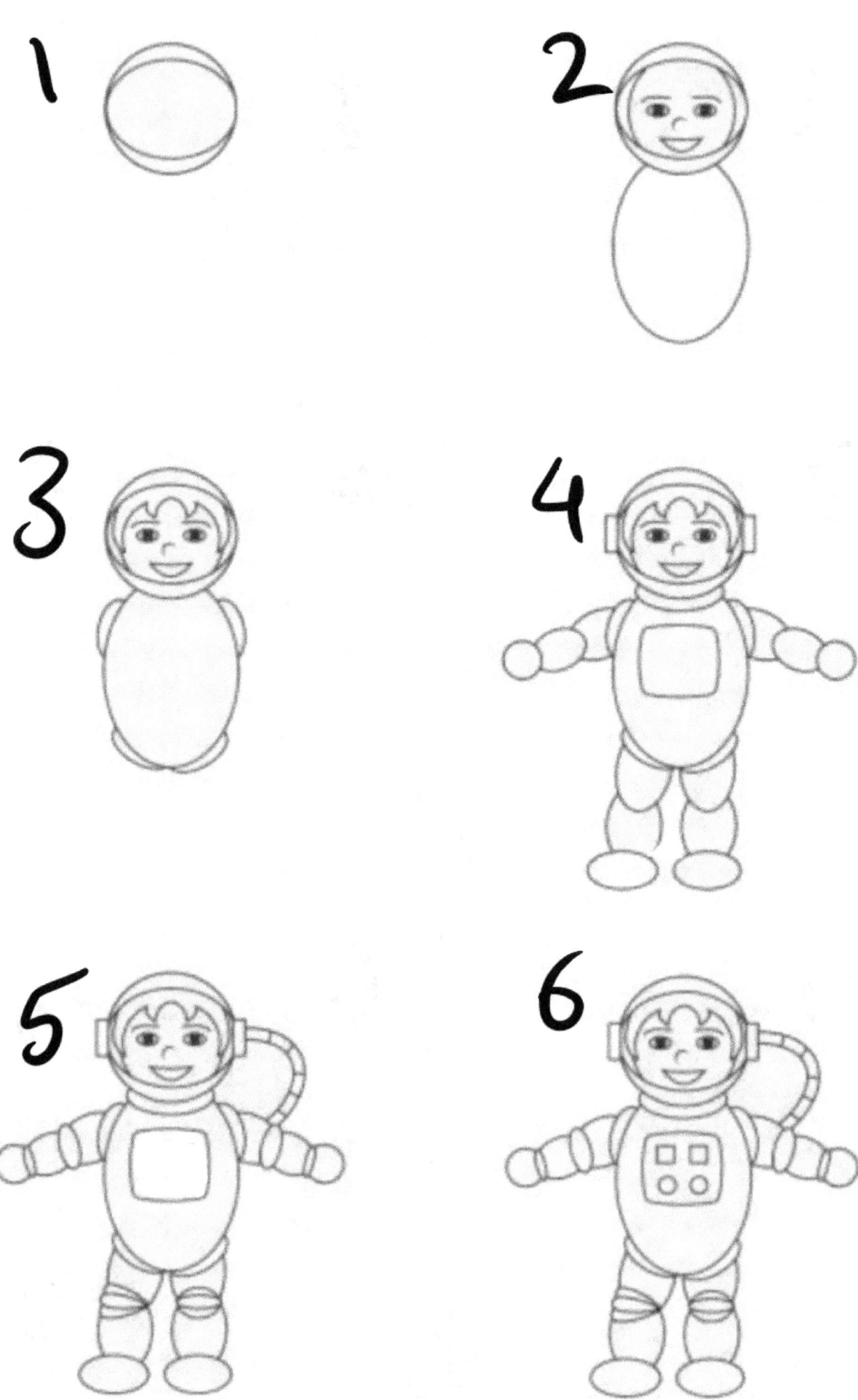

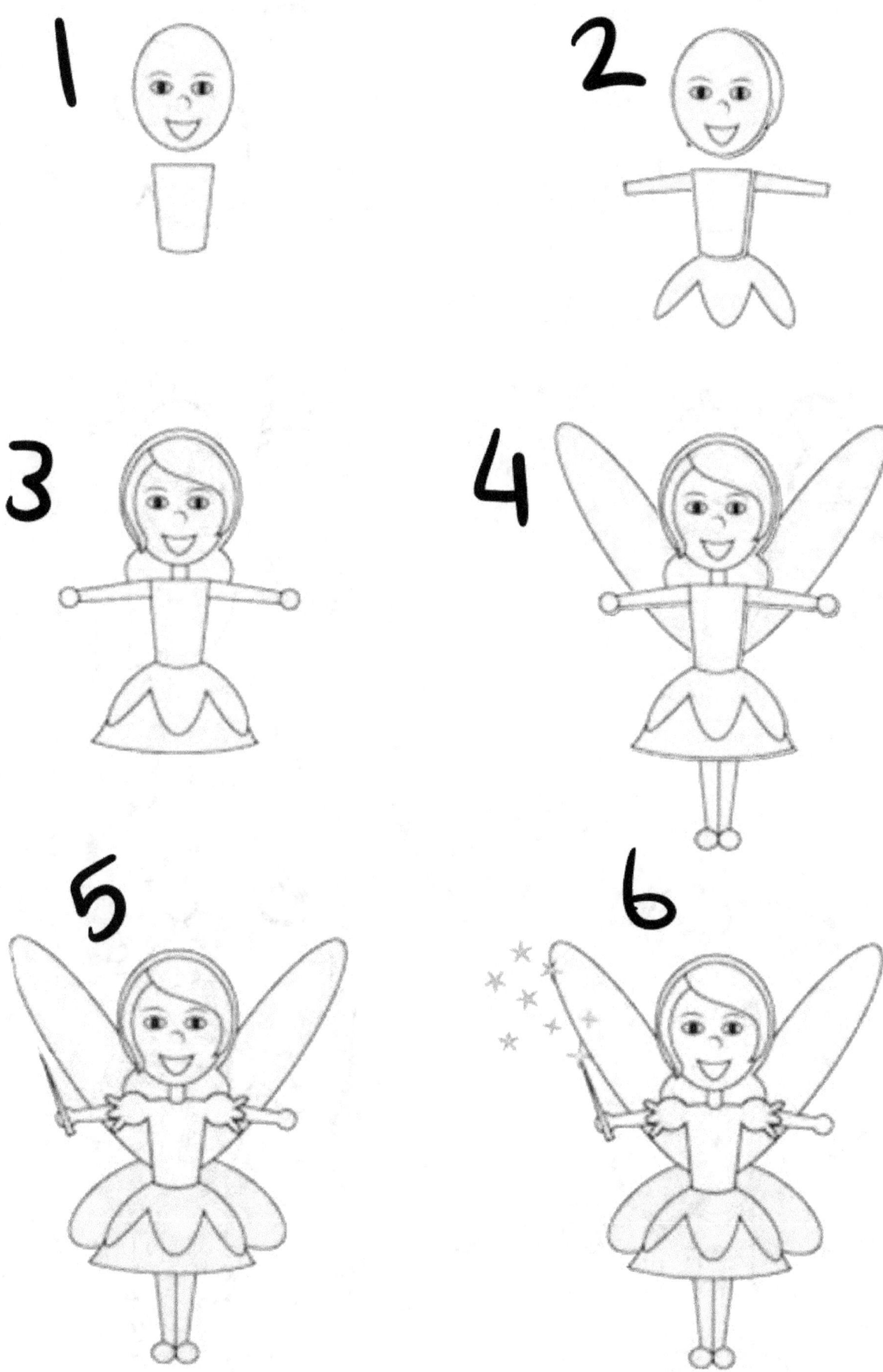

1

2

3

4

5

6

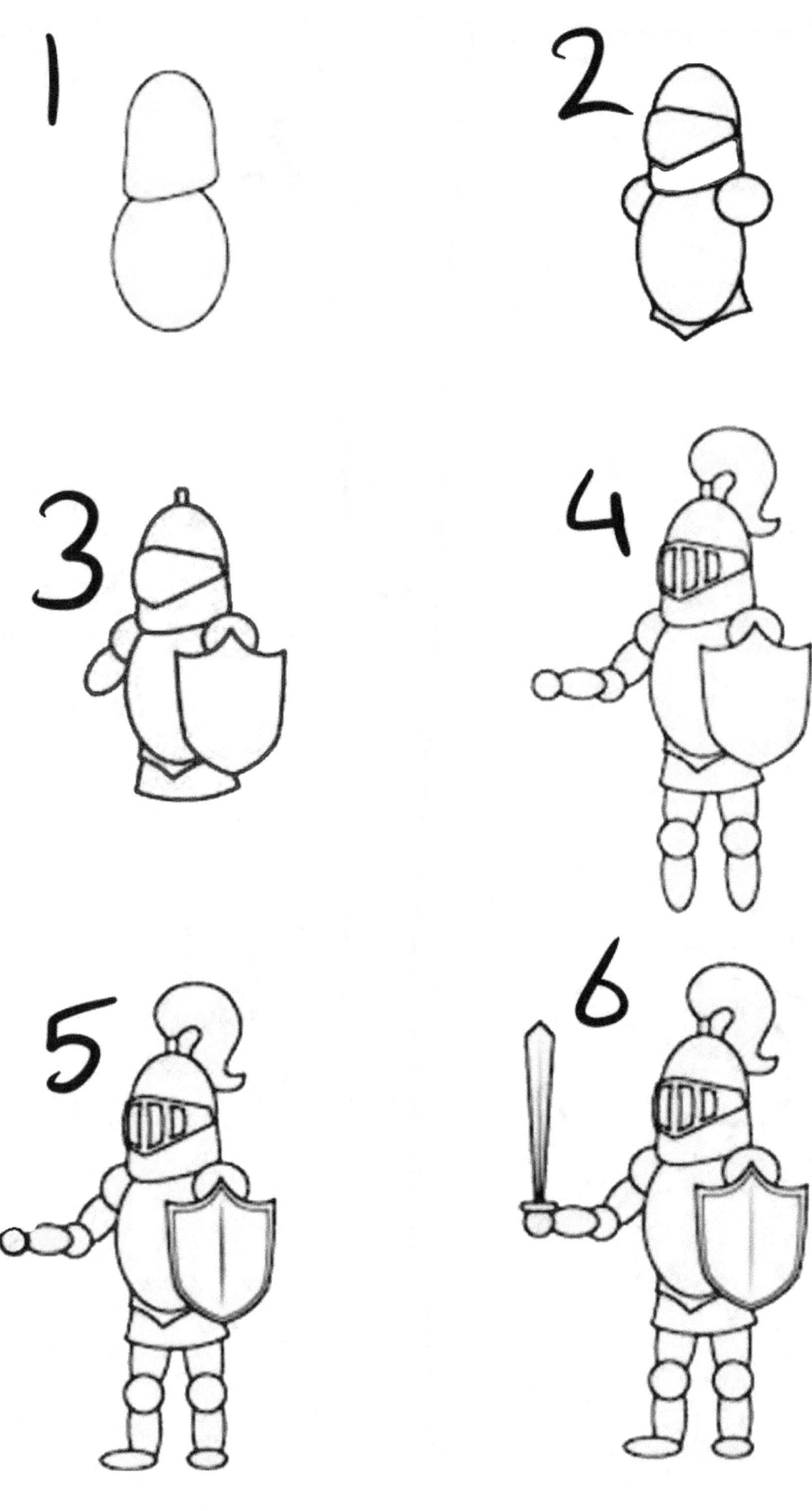

1

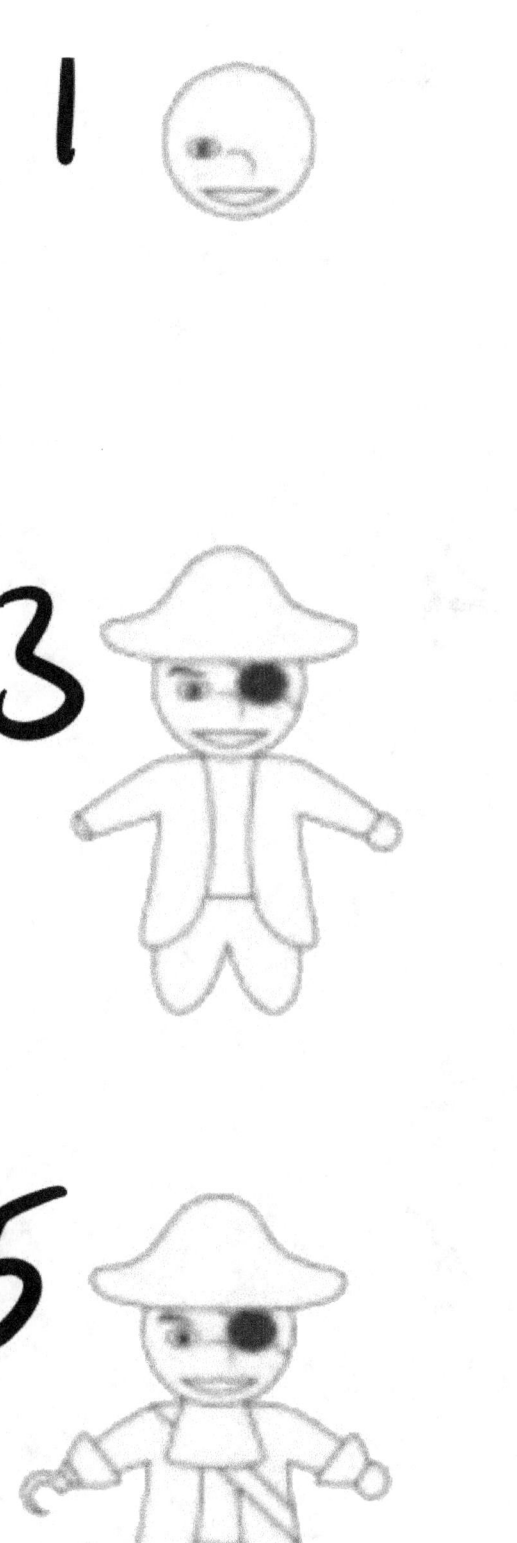

2

3

4

5

6

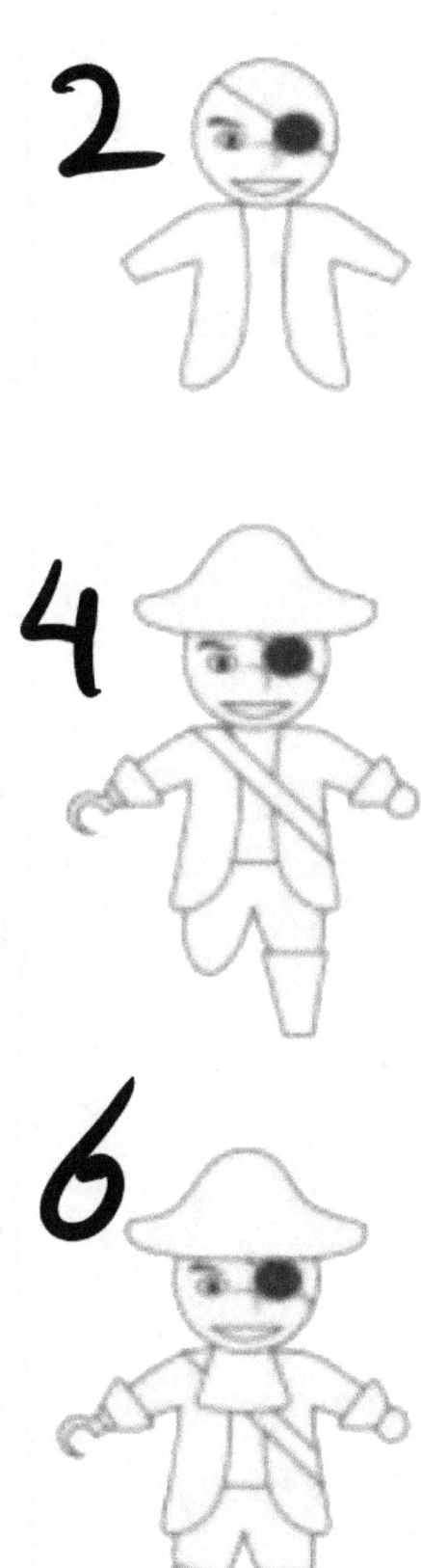

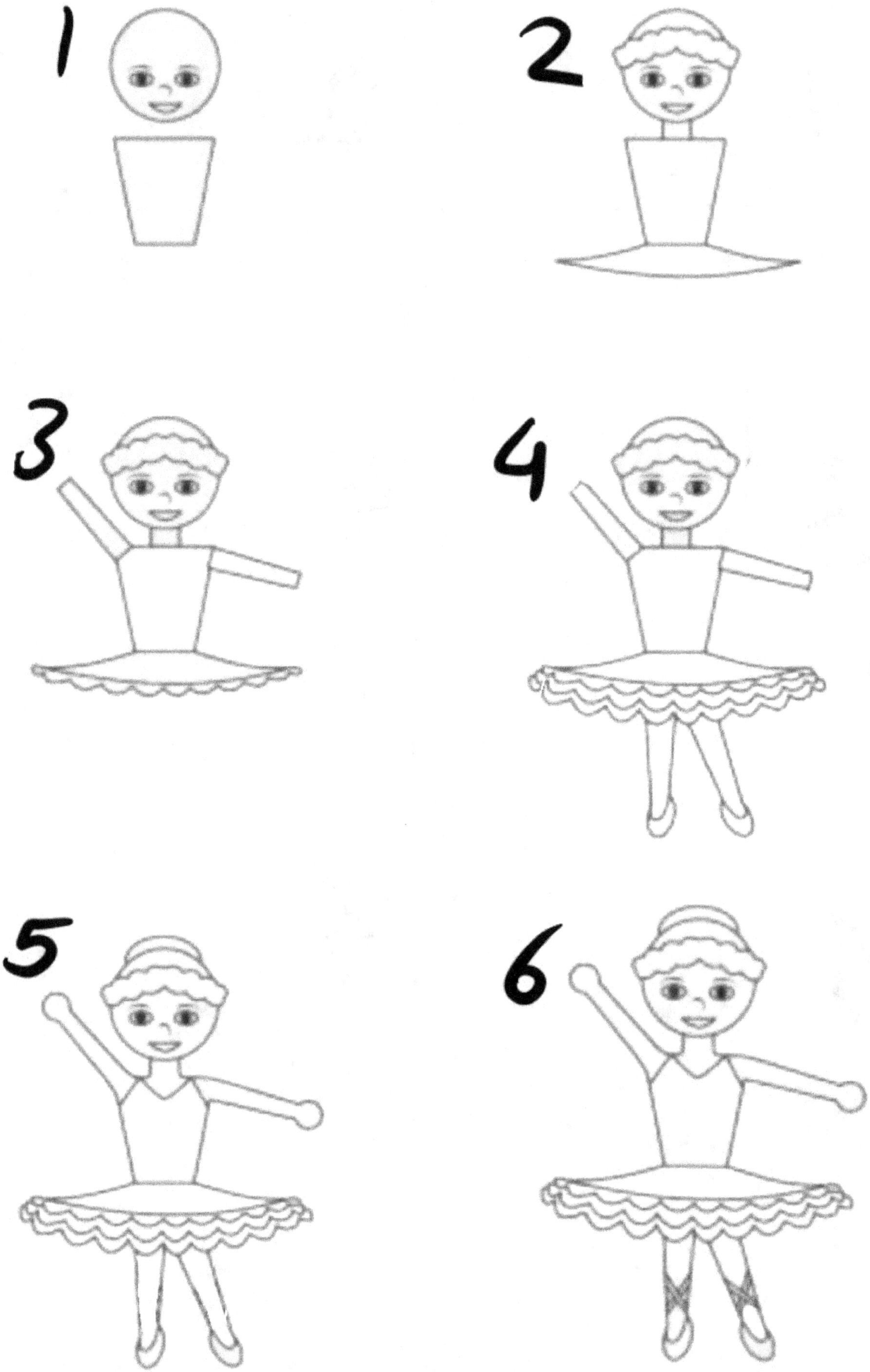

1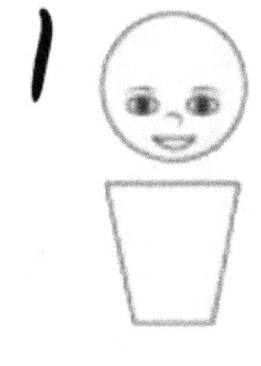

2

3

4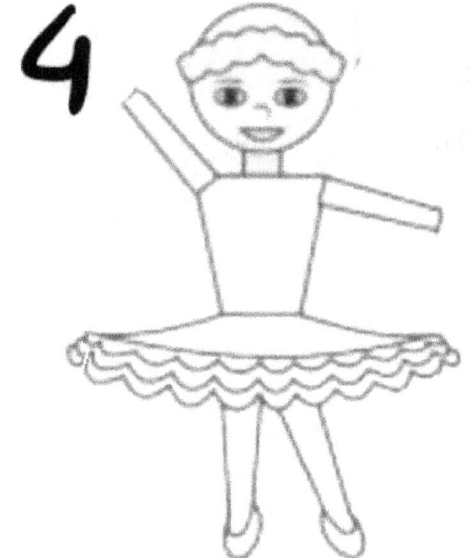

5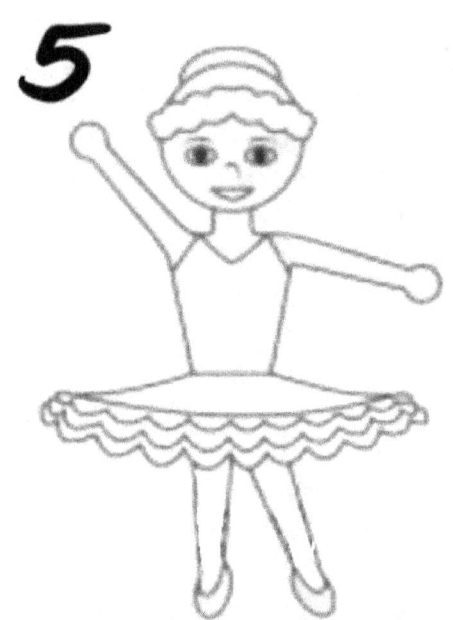

6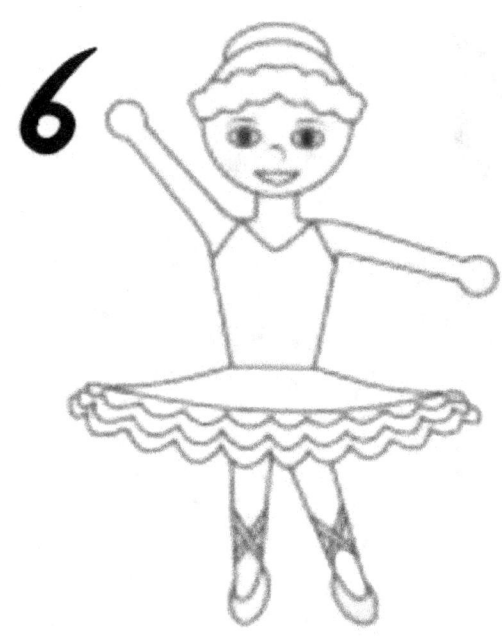

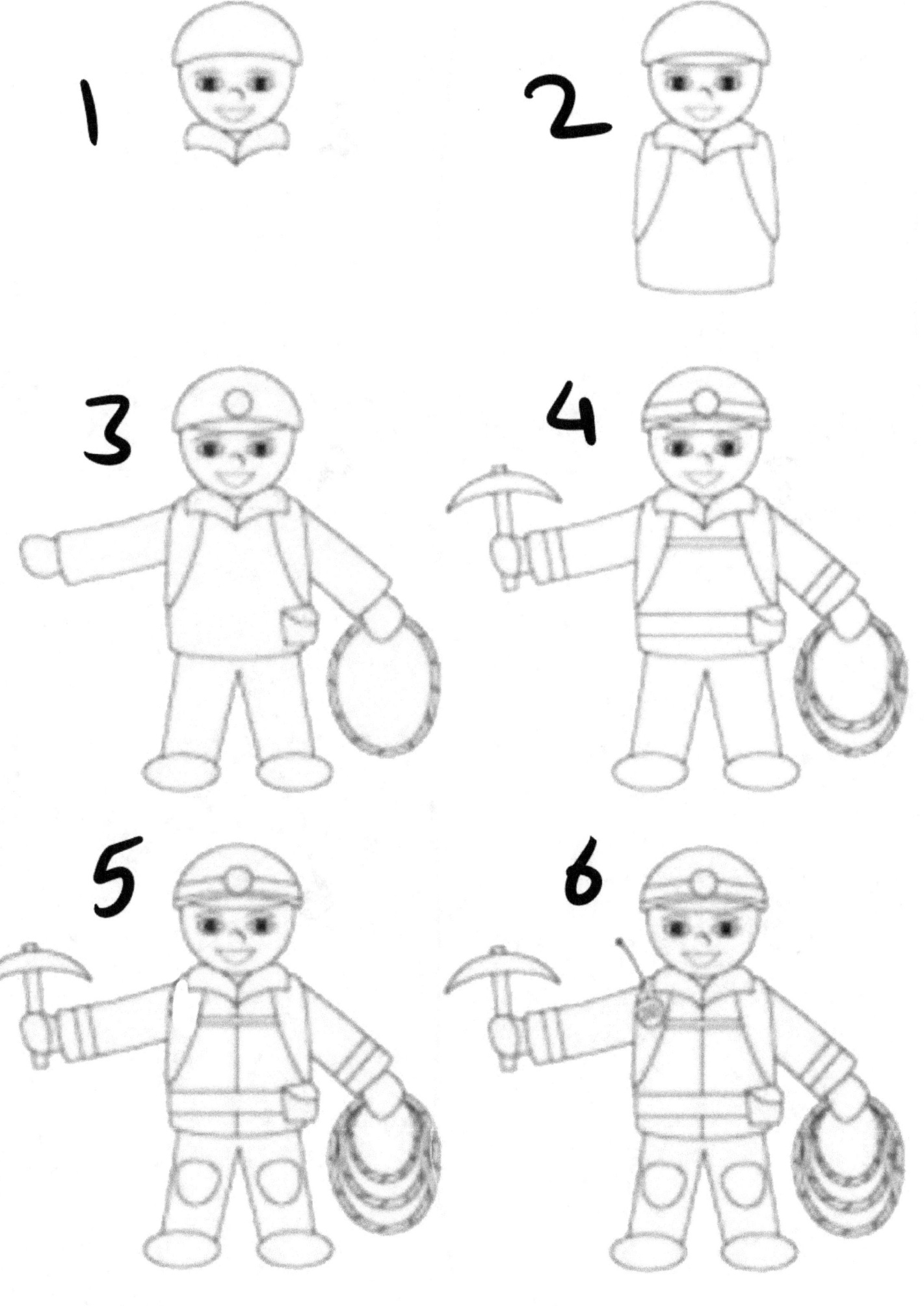

1

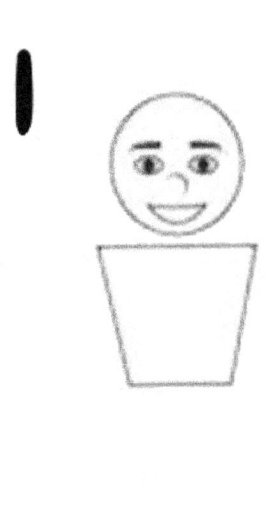

2

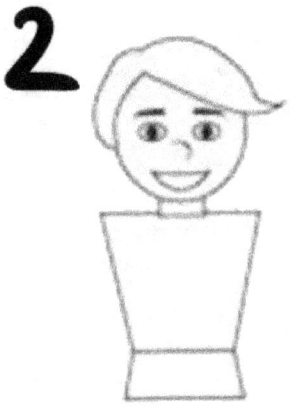

3

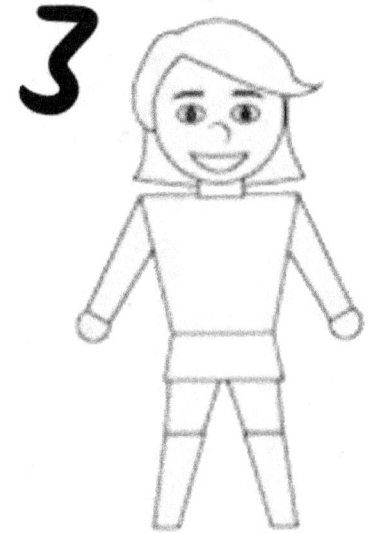

4

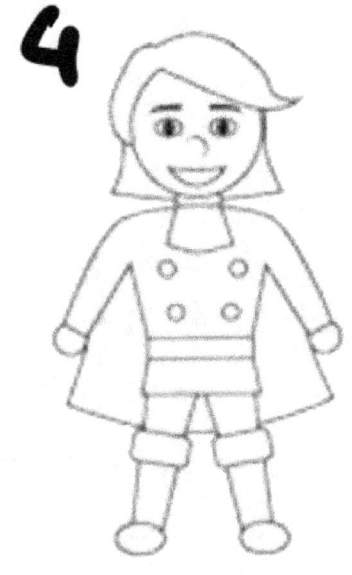

5

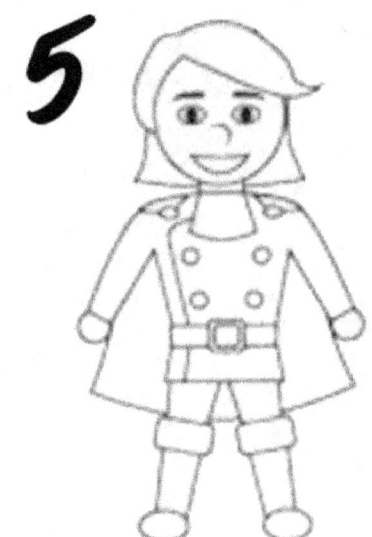

6

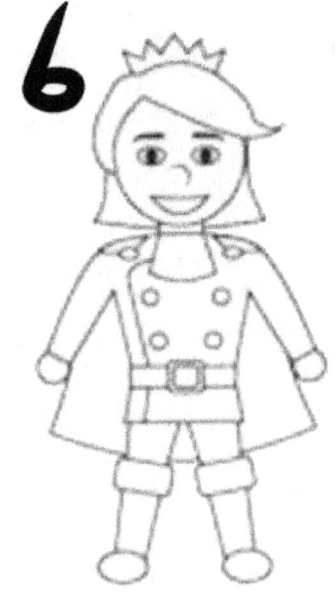

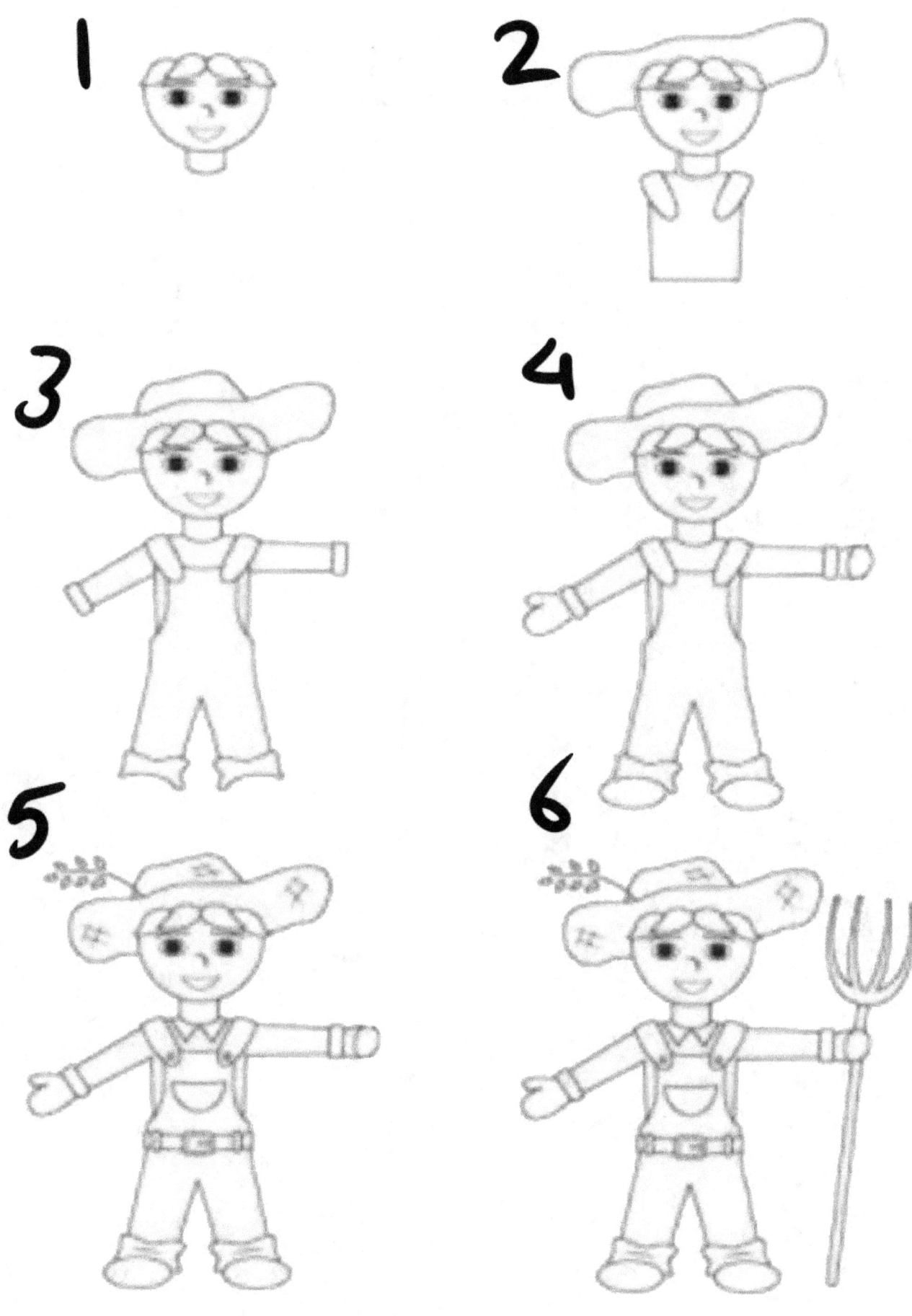

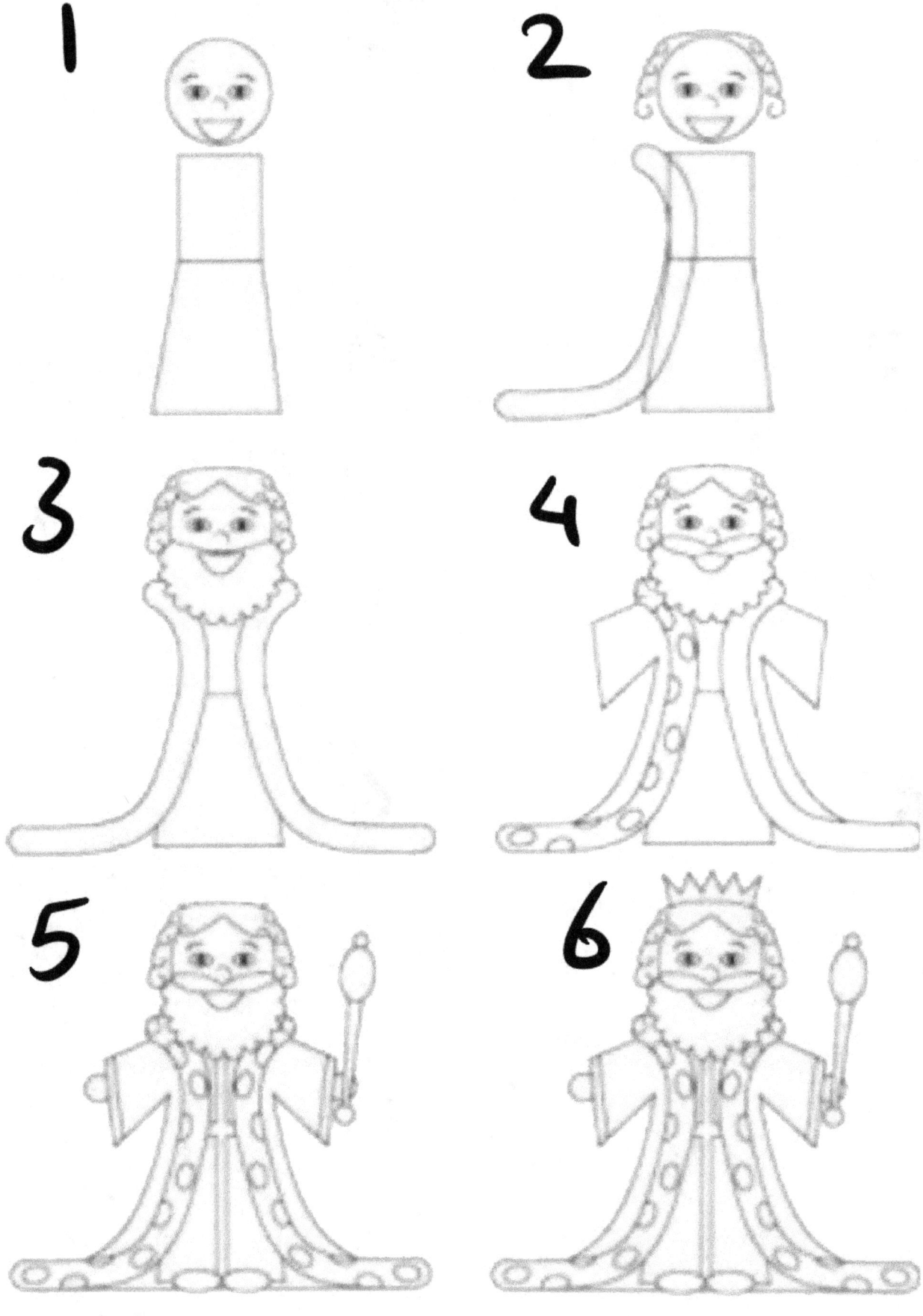

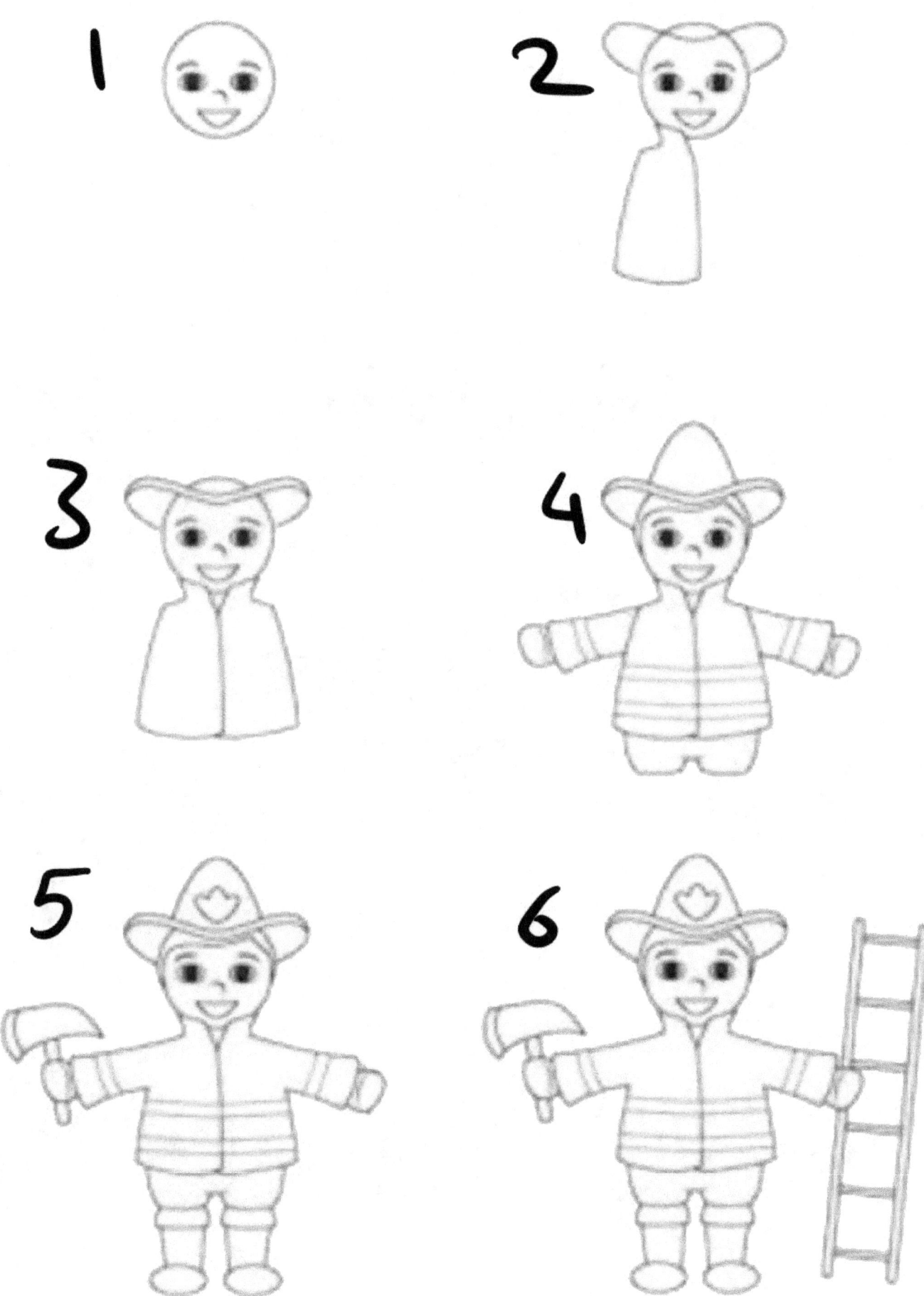